AF254170

PARIS QUI SOUFFRE

ÉTUDES ÉCONOMIQUES ET SOCIALES

Publiées avec le concours du Collège libre des Sciences sociales

IV

PARIS QUI SOUFFRE

La Misère à Paris
Les Agents de l'assistance à domicile

PAR

Henri BONNET

AVEC UNE PRÉFACE DE

M. Charles BENOIST
Député de Paris, professeur à l'École des Sciences politiques

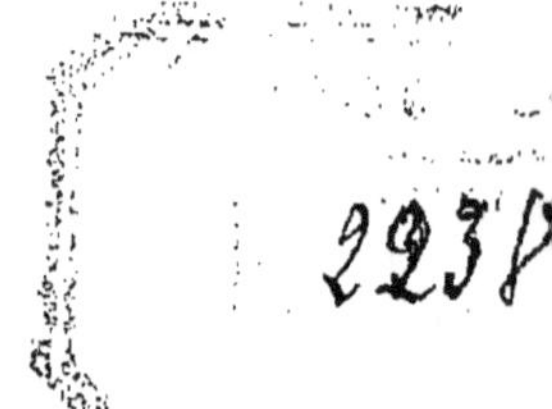

PARIS (5ᵉ)

V. GIARD & E. BRIÈRE
LIBRAIRES-ÉDITEURS
16, RUE SOUFFLOT ET 12, RUE TOULLIER

1908

PRÉFACE

Les bons livres se passent avantageusement de préface, et celui-ci se suffirait donc à lui-même. Tout en est clair, l'objet, le plan, le titre. C'est Paris qui souffre et Paris qui secourt. A la seule coupe des chapitres, on peut s'apercevoir qu'il s'agit d'un recueil de leçons : ils ont bien, d'une leçon, faite pour être immédiatement entendue et retenue, la juste mesure et la forte armature ; et en effet, ils furent d'abord « professés » au Collège libre des Sciences sociales. Mais comme on sent que ce ne sont point jeux d'idées ou thèses d'école ! Rien de moins « livresque » que ce livre, rien de plus vécu. Rien qui soit moins « sur le papier », ni qui soit plus en pleine réalité, en pleine humanité. Rien qui parte plus droit du fait, pour aller plus droit à la conclusion.

Ceux qui doivent à la pratique la moitié de leur science, qui, — d'un mot familier, — ont « mis la main à la pâte », lorsqu'ils se mêlent d'écrire sur des sujets chaque jour étudiés dans l'action, le font avec une aisance, une sûreté, une précision, une plénitude où on les reconnaît tout de suite. Ainsi, à un degré très éminent, des hommes d'Etat quand, pour se reposer ou pour se consoler, ils prennent la plume ; ainsi, par exemple, d'un Thiers, d'un Guizot, d'un Cavour, d'un Bismarck, d'un Gladstone, d'un Canovas. Personne n'écrit sur l'histoire comme ceux qui ont contribué à la faire ; et de même, à tous les degrés, dans tous les domaines, en grand et en petit : personne ne sait dire une chose comme ceux qui la font.

La première qualité de cet ouvrage, auquel on ne manquera pas d'en trouver plusieurs autres, c'est qu'il a été « fait », je veux dire : « agi », avant d'être écrit. Divers auteurs, — et M. Henri Bonnet les nomme, — MM. Maxime Du Camp, le comte d'Haussonville, Paul Strauss, pour ne parler que des plus récents, ont été, comme par l'abîme, attirés par la misère parisienne. Mais peut-être aucun encore n'avait-il essayé (et peut-être aucun n'était-il préparé à un tel travail) de « relever » par des sondages multipliés, de « situer » de « délimiter » et enfin de « dessiner » ces bas-fonds. M. Bonnet a voulu commencer par là, en dressant ce qu'il appelle « la carte des pauvres ».

La pensée en était bien venue, il y a plus de soixante-dix ans, à l'un des hommes qui ont le mieux aimé les malheureux et qui se sont le plus intelligemment efforcés de les aider, M. Vée, maire-adjoint de l'ancien V⁰ arrondissement. Mais l'aperçu que M. Vée donna en 1835 à la Société des Etablissements charitables, et que M. Bonnet réimprime dans ses annexes, nous apparaît de si loin un peu court, un peu som-

maire. Ne le fût-il pas qu'il ne pourrait guère aujour-
d'hui que servir de point de comparaison.

Le rapport sur l'Assistance publié, en 1837, par
le comte Adrien-Etienne-Pierre de Gasparin, alors
ministre de l'Intérieur, demeure très général, et je ne
crois pas qu'il y ait grand'chose de plus particulier
dans le traité du baron de Gérando : *De la Bienfaisance*, 1839, ni dans son manuel : *Le Visiteur du Pauvre*, qui est de 1820 ou de 1821.

Les livres, un moment fameux, de H.-A. Frégier,
chef de bureau à la Préfecture de la Seine : *Des Classes dangereuses de la Population*, et d'Eugène Buret :
De la Misère des Classes en Angleterre et en France
(tous les deux de 1840) contiennent sans doute, le
premier, un paragraphe intitulé : *Topographie morale
de Paris*, et le second, quelques morceaux sur : *La
Misère officielle à Paris* ou même sur la *Topographie
de la misère*, mais à Londres, et ce n'est pas exactement notre sujet, ou il n'est touché qu'en passant. A
remonter toujours, on arrive, par delà les assemblées
révolutionnaires et à travers les généreux essais d'un
La Rochefoucauld-Liancourt et de ses émules, jusqu'au *Tableau de Paris* de Sébastien Mercier, où tel
ou tel coin est bien peint et tel ou tel trait bien saisi,
mais perdu aussitôt et comme noyé dans un ensemble trop vaste ; où il y a cela, par-ci par-là, mais où il
y a de tout, et où cela ne se distingue pas du reste.

C'est, au total, en Angleterre, c'est à Londres qu'on
s'est le plus soigneusement attaché, et le plus tôt, à

bien localiser la misère; et il faut la bien localiser pour
la bien connaître ; il faut la bien connaître pour la
bien combattre. Eugène Buret, je viens de le rappeler, pouvait, dès 1840, d'après des sources excellentes
et notamment d'après une collection de mémoires
adressés à lord John Russell par une commission de
médecins, esquisser une « revue des districts de la
ville de Londres où habite la population pauvre », et
il pouvait le tenter aussi pour Manchester, Liver-
pool, Leeds, Glascow et Edinbourg. Depuis un demi-
siècle, les enquêtes n'ont pas cessé de se succéder, les
découvertes de s'enchaîner, et peu à peu il en a été
de la « carte des pauvres » à Londres ce qu'il en était de
la carte d'Afrique : les terres inconnues reculaient, la
tache noire ou disparaissait ou s'amincissait. Le monument que M. Charles Booth, avec cinq collaborateurs,
a élevé au peuple de Londres (1) repose, comme sur
quatre pilotis plongés au cœur du gouffre, sur quatre
volumes consacrés à la Pauvreté. Et, tout le long des
dix-sept volumes dont se compose l'œuvre entière, la
triste hôtesse va et vient qui guette l'homme au
détour des pages comme elle le hèle et l'accroche au
détour des rues. Ce que M. Booth a fait pour Londres
est justement ce que M. Bonnet, en des proportions
plus modestes, veut faire pour Paris. Il veut nous dire
où la misère nous guette, et quelle misère, et sous

1. *Life and Labour of the People in London*, by Charles Booth, assis-
ted by Jesse Argyle, Ernest Aves, Geo-E. Arkell, Arthur-L. Baxter,
George-H. Duckworth ; Macmillan and C°. Le dernier volume est de 1902.

quelles espèces, et ce qu'elle a le droit d'attendre de nous, et le devoir que nous avons de penser à elle : non pas d'y penser seulement, mais d'y penser méthodiquement, en connaissance de cause, afin d'y parer efficacement.

Dans la deuxième partie de son livre, il nous apprend quels sont ceux qui ont été chargés ou qui se sont chargés d'y pourvoir : maires et adjoints, administrateurs et commissaires-visiteurs, dames visiteuses et surveillantes, médecins et pharmaciens des bureaux de bienfaisance, secrétaires-trésoriers et leurs auxiliaires : toute une armée de la charité ou, si l'on préfère un mot neuf, de la solidarité sociale, ayant ses cadres permanents, ses soldats de métier et ses volontaires ; un double personnel, l'un rétribué, l'autre bénévole. La question s'est, paraît-il, jadis posée, — puisque toutes les questions, même les plus oiseuses, se posent, — de décider si l'on conserverait ce personnel bénévole ou si l'on ferait de tous les agents de l'assistance publique des fonctionnaires titularisés, hiérarchisés et payés en conséquence. Je ne sais pas ce qu'on en peut penser, à l'heure présente, « en haut lieu » ; mais je sais bien en revanche ce qu'en penserait la population parisienne ; et je ne sais pas si elle aurait autant de raisons qu'elle le croit de s'en plaindre, mais je sais sûrement qu'elle s'en plaindrait. Elle entend, — et c'est bien son droit, — que le patrimoine des pauvres aille pour la plus grosse part possible aux pauvres, et que les frais de gestion soient réduits au plus petit coût possible. Elle ne comprendrait point qu'on creusât trop de canaux, trop de rigoles administratives par où cette eau pût se perdre dans un sol rapporté, fait de paperasses amoncelées, entre les roseaux des crayons et des porte-plumes. Qu'après cela, on confère aux administrateurs, commissaires-visiteurs, etc., les palmes académiques ou des médailles spéciales, un témoignage de satisfaction, une récompense officielle, un bout de ruban ou une feuille de parchemin, pourquoi non? — et certes oui, tant que l'homme sera l'homme, et que le Français surtout sera le Français. Que de prix dans les Académies, que de chaires dans les grandes écoles n'auraient jamais été fondées sans l'attrayant éclat des lettres d'or sur la plaque de marbre noir! La libéralité, l'abnégation elle-même, la sainteté, si je l'ose dire, est rarement tout à fait gratuite. Voici de bons citoyens qui se dévouent à de bonnes œuvres : qu'on les décore! Qu'on en décore beaucoup, si c'est le moyen d'en susciter beaucoup! Et qu'on ne les chicane pas trop sur leurs opinions politiques ! Qu'on ne les oblige pas trop à montrer patte rouge ! L'argent qu'on donne n'a pas d'odeur : la main qui donne n'a pas de couleur.

Opposer le personnel administratif des bureaux de bienfaisance à leur personnel bénévole serait aussi maladroit, aussi coupable qu'il serait impie d'opposer l'assistance publique à l'assistance privée. Autre belle question ! La charité doit-elle être privée, doit-elle être publique ? Elle doit être publique et privée : elle est un devoir d'Etat et un devoir de conscience, une obligation nationale pour nous tous, et une obligation morale pour chacun de nous. « Ce n'est pas trop de toutes les forces sociales pour enrayer une épidémie sociale. On a longtemps parlé ailleurs, et l'on en parlera encore, de conciliation, de concentration. Faisons la conciliation dans l'aide mutuelle, la concentration contre la misère. Accueillons et employons toutes les bonnes volontés. Soutenons et multiplions, avec les institutions nées de la loi, ces institutions de réparation, de préservation, nées de libres initiatives, qui sont aux révolutions ce que le vaccin est à la variole ou à la rage. Et s'il doit, malgré nos efforts, rester quand même des pauvres parmi nous, tâchons qu'il y en ait moins, et qu'ils soient moins pauvres. S'il reste, comme il en restera, dans la société, des inégalités qui ressemblent à des injustices, établissons bien, par des actes, que c'est la faute des choses et non la nôtre. » — Je n'ai rien à retrancher aujourd'hui de ces déclarations déjà anciennes, mais j'ai quelque chose y ajouter.

« Il restera toujours des pauvres parmi nous » : c'est ce qui rend également vaine une troisième question qui (M. Henri Bonnet l'indique) ne pouvait guère ne pas être soulevée, et qui l'a été : « Ne vaudrait-il pas mieux organiser le travail que d'organiser l'assistance ? »

Hélas ! l'un ne dispenserait pas de l'autre ; et

quand même le travail serait organisé, parce qu'il resterait toujours des gens qui ne travailleraient point, des vieillards qui ne pourraient plus, des infirmes qui ne pourraient pas, et des paresseux, avouons-le, qui ne voudraient pas travailler — mais qu'y faire pourtant et qu'en faire ? comment leur appliquer en toute sa rigueur la loi d'airain : *Qui non laborat, nec manducet ?* — il resterait toujours des pauvres parmi nous, et il resterait donc à organiser l'assistance. Quoi qu'on fasse, et quand même le travail serait organisé, quand seraient organisées avec lui la prévoyance et l'assurance, il y aurait toujours un déchet social qui ne pourrait être abandonné, passé purement et simplement aux profits et pertes par la comptabilité sans cris et sans larmes d'une société sans cœur et sans nerfs. Plus on organisera le travail, la prévoyance, l'assurance, et moins, — il est permis de l'espérer, — on laissera à faire à l'assistance. Mais on ne la supprimera pas, car on ne supprimera pas de cette vie trop âpre et trop précaire les faiblesses, les besoins et les douleurs des hommes. L'homme et le monde ne sont pas parfaits, mais il sont ainsi. Or, ce livre, j'y insiste, est tout d'humanité et de réalité. Comme il a été « agi » avant d'être écrit, lisons-le avant et afin d'agir.

M. Bonnet exprime quelque part le regret « qu'il n'y ait pas plus de faits d'expérience à invoquer ». Il le regrette surtout pour « le législateur ». Je crains que son jugement, ici, ne pèche par excès de bienveillance. Le plus souvent, ce ne sont pas les faits qui manquent au législateur ; c'est le législateur qui manque aux faits, lesquels ont cependant l'extrême impolitesse de ne pas se plier à toutes les fantaisies, tant et si bien que nos lois improvisées viennent, dès qu'on les éprouve, se heurter contre eux et s'y briser comme verre. Je crains par conséquent qu'il ne suffise pas d'amasser et de classer des faits pour améliorer les lois : mais, de même qu'il faut que nous n'ayons rien à nous reprocher le jour où nous constaterons que nous n'avons pas guéri tous les maux, de même faut-il que le législateur ne puisse s'en prendre qu'à lui-même de ses lois irréelles, chimériques et paradoxales. S'il s'obstine à construire sur les nuées, que ce ne soit pas du moins parce qu'on ne lui aura pas montré la terre.

CHARLES BENOIST

INTRODUCTION

Cet ouvrage n'est pas une étude de droit. Ce n'est pas non plus le développement philosophique d'une formule d'assistance publique. C'est une enquête dominée par le souci de l'exacte observation des faits. Nous voulons savoir ce que l'on fait à Paris pour atténuer ou guérir les souffrances des pauvres. Pour cela, il suffit d'observer et de dire ce que tout le monde, comme nous, pourrait voir.

Les sciences morales ont toutes reconnu, au cours du dernier siècle, la nécessité d'abandonner les conceptions *a priori*, pour s'en tenir à l'expérience. C'est par cette méthode que les sciences physiques et naturelles ont obtenu les résultats merveilleux qui les ont rendues à la fois si utiles et si attrayantes ; c'est par là aussi que les sciences morales sont parvenues à dégager des lois qui sont aujourd'hui acceptées par tout le monde. Il n'est pas douteux que l'assistance publique, cet organe de la « justice réparative » dont parle M. Alfred Fouillée, ne soit un des chapitres de la Science Sociale.

Ce n'est pas ainsi qu'elle a été envisagée jusqu'ici. De nos jours on parle « humanité » comme nos pères autrefois parlaient « littérature » et nos grands-pères « religion ». Sur ce sujet, chacun a son idée, sa tendance, parfois son parti pris. On se passionne pour l'organisation du travail, pour la mutualité ou les retraites ouvrières, pour le régime à donner aux secours publics. Il s'agit là d'un mouvement d'opinion, d'une aspiration générale qui a son importance. Nous avons assisté à toute une éclosion de lois et de règlements où l'intention de bien faire est manifeste. En matière d'assistance publique les unités administratives et les établissements publics ont observé du mieux qu'ils ont pu cette législation, de même qu'ils ont recueilli les libéralités et fondations que les particuliers leur ont faites, s'efforçant de respecter les conditions, parfois bien fantaisistes, qui leur étaient imposées. Mais il a toujours manqué des idées directrices ; il n'y a pas de règles à suivre. La matière que nous allons explorer s'est constituée au jour le jour. Il faudrait faire effort pour donner une définition satisfaisante du bureau de bienfaisance, de l'hospice, de l'hôpital, du bureau d'assistance médicale. Il serait bien plus difficile encore de marquer les limites d'attribution et de compétence de l'Etat, du département et de la commune. On peut dire que l'étude des questions d'assistance est à peine commencée bien qu'il existe maintenant un Conseil supérieur de l'Assistance publique dont la mission essentielle est de réunir un corps de doctrines.

Devant l'opinion, une discussion s'est engagée qui n'est pas épuisée. Les uns soutiennent avec M. Leroy-Beaulieu et tout un groupe d'économistes que la charité

privée doit avoir le pas sur la charité légale ou administrative, parce que l'individu, même malheureux, n'a
pas de droit contre la société. Les autres constatent que
la misère est un mal en même temps qu'une menace ;
qu'il existe pour l'Etat un devoir d'assistance et que par
suite l'individu a des droits à faire valoir ; ils veulent
l'institution d'une assistance obligatoire et ils ont obtenu
successivement gain de cause pour l'enfant, le dément,
le malade, le vieillard et l'infirme. En même temps,
un certain nombre de philanthropes, au premier rang
desquels il convenait de nommer Casimir Périer, cherchent à conclure l'alliance de la charité privée avec
l'assistance publique ; mais ils n'ont pas trouvé les termes de cette union, ne sachant trop par quels moyens
elle pourrait s'affirmer, ni quel but précis elle devrait
poursuivre.

Il serait évidemment exagéré d'avancer que la misère
n'a pas fait l'objet d'études sérieuses. Les livres de
MM. Maxime Ducamp et d'Haussonville, les enquêtes de
l'Office du Travail, les rapports de M. Paul Strauss,
pour ne citer que les plus connus parmi ces travaux,
seraient invoqués comme un reproche devant une telle
affirmation. Cependant, il est permis de regretter qu'en
face des plaintes parfois si véhémentes des partis politiques, il n'y ait pas plus de faits d'expérience à invoquer ; ce sont eux qui auraient dû déterminer les actes
des législateurs ou provoquer les entreprises particulières des hommes de bien. L'art ne vaut pas beaucoup
parce que la science n'est pas encore assez avancée. Il ne

sera pas possible de dégager des lois tant que des ouvriers n'auront pas modestement et patiemment amassé
toutes les observations indispensables.

Et nous savons qu'un tel travail ne sera jamais ter-
miné. Les sociétés humaines se modifient perpétuelle-
ment; la vérité d'hier peut n'être plus celle d'aujour-
d'hui; l'étude des rapports entre les hommes ne peut
pas conduire à une certitude mathématique. Mais on
pourrait se rendre un compte plus exact de l'étendue de
la misère, de ses causes, de ses formes infiniment variées
et des remèdes qui peuvent être opposés à son développement. Avant toute chose, il conviendrait de fixer les
réalités présentes. Pour cela, malgré les chances d'erreur
qui sont nombreuses, on peut observer les phénomènes
sociaux, signaler les conditions de temps, de lieu et de
milieu où ils se produisent, les décomposer dans leurs
éléments principaux, dénonçant ceux d'entre eux qui
échappent à l'analyse.

Notre ambition serait d'entreprendre un travail de
cette nature, en passant la revue des institutions d'assistance publique à Paris. Dans notre grande cité, la
masse des deniers publics destinée, chaque année, au
soulagement de la misère dépasse cent millions. Nous
voudrions savoir comment est établi ce colossal budget,
aux mains de quelles autorités il se trouve confié, quels
sont les modes usités pour sa répartition, dans quelle
mesure on peut dire qu'il apporte une aide utile et nécessaire aux malheureux. Peut-être y a-t-il quelque témé-
rité à dire de suite le but encore très éloigné d'un travail

qui est à peine commencé, et qui, pour le moment, se rapporte tout entier aux seuls secours à domicile. Mais on nous saura gré, du moins nous l'espérons, d'approcher par étapes du terme déclaré de notre exploration.

Nous nous proposons ici de découvrir le pauvre au milieu de la population générale qui l'entoure, dans chaque arrondissement, dans chaque quartier. Nous allons voir le lieu de notre étude. Puis nous dirons quelles sont les personnes qui sont chargées de concourir au fonctionnement de ce grand service d'assistance publique. Le reste ne peut venir que plus tard, si nous pouvons.

PREMIÈRE PARTIE

LE LIEU

LES ARRONDISSEMENTS
DU CENTRE ET DE LA PÉRIPHÉRIE

I

LES ARRONDISSEMENTS DU CENTRE

Paris (1) est divisé en vingt arrondissements, suivant une ligne en forme de spirale qui part du centre, se replie deux fois sur elle-même et va rejoindre la périphérie. Il s'agit ici du centre géométrique par opposition au centre des affaires, au centre métropolitain, au centre intellectuel et à bien d'autres centres qui se distinguent les uns des autres et ne sont point au même endroit. Si nous suivions cette ligne, peut-être ainsi pourrions-nous recueillir quelques observations utiles.

Elle part du Palais de Justice dans l'île de la Cité ; elle suit la Seine s'étendant sur les Halles, le Louvre, les Tuileries puis revient par la Madeleine et la Bourse, dans la direction du Temple. Là, sont les deux premiers arrondissements qui sont disposés pour recevoir la foule.

1. Nous avons pensé qu'il y avait intérêt à reproduire, à la suite de ce volume, un important extrait d'un rapport présenté par Vie, en 1835, à la « Société des Établissements Charitables ». C'est la description des arrondissements et des quartiers de Paris à cette époque. Nous y constatons que malgré les changements considérables qui nécessairement se sont produits depuis soixante-dix ans, les mêmes industries et les mêmes personnes se trouvent encore dans les mêmes lieux. Nous pouvons invoquer ce témoignage à l'appui de notre observation que les arrondissements parisiens ont une histoire et véritablement une personnalité.

Le marché de la confection appelle le passant de tout l'éclat de ses vitrines et de ses enseignes. Il y a vêtements pour tout le monde, pour les travailleurs aux environs du Châtelet, et pour les friands de la mode vers la place Vendôme. On trouve de quoi se couvrir le corps de la tête aux pieds avec du linge, de la laine, de la fourrure ou des perruques. C'est le domaine du vêtement.

En même temps, ce qui frappe les yeux, c'est le grand nombre des hôtels et restaurants. Il y en a de premier ordre et aussi de fort modestes. Il semble qu'on ait eu la pensée de dresser des tables et des lits pour tous les étrangers qui viennent faire visite à Paris. Dans la ville, il existe à peu près un hôtel garni par dix maisons ; ici, la proportion s'élève à un sur cinq, et, pour le quartier Bonne-Nouvelle, à un sur trois. Pourquoi cet état de choses dans un lieu où le coucher doit être cher, puisque le prix du terrain est plus élevé qu'ailleurs ? C'est que le voisinage des jardins et musées attire le touriste, que les voyageurs de commerce peuvent de là gagner rapidement tous les points de la ville et que les autres, c'est-à-dire tous ceux qui viennent tenter leur chance, espèrent trouver facilement un emploi. D'ailleurs, les bureaux de placement s'offrent en grand nombre pour répondre aux désirs de tous ces hommes qui demain peut-être seront employés comme garçons dans les magasins, les restaurants, chez les marchands de vin, ou bien dans les hôtels. Ils sont si nombreux qu'en certains points ils emplissent la rue.Il faut plaindre ceux qui, ne trouvant pas d'ouvrage, vont perdre dans ce coin de Paris leurs premières illusions.

On voit aussi, surtout dans le IIe arrondissement, un grand nombre d'établissements financiers. Il y en a de considérables par le nombre de leurs agents. L'employé de banque gagne parfois de grosses sommes, mais combien parmi eux n'ont pas cent francs par mois ! et combien travaillent, pressés les uns contre les autres, dans des locaux absolument insuffisants, quand ils ne sont pas destinés à recevoir la visite du public ! Ces agents ne sont ici que pour l'effort, nous les retrouverons plus tard où ils résident.

On se rend compte du mouvement de cette région, qui au cours d'une journée absorbe une partie de la population de Paris : par les Halles, où les marchandises s'entassent pour être ensuite réparties aux devantures des détaillants de la ville ; par les grands magasins et les manufactures, qui s'emplissent de leurs employés et ouvriers, se parent pour la vente, reçoivent les objets confectionnés en d'autres lieux, et renvoient leurs agents chargés de matières nouvelles à ouvrer ; par les musées, les ministères, la Banque, les jardins publics, les comptoirs du commerce, dont les portes à peine ouvertes sont franchies par une foule qui augmente avec les heures du jour ; par les hôtels et restaurants dont les clients se renouvellent sans cesse ; par les bourses aux valeurs et aux marchandises que fréquente un public afféré et hurlant ; par la poste, les bureaux de chemins de fer aux proportions inusitées ; par les journaux, dont les porteurs se répandent en tous sens avec le bruit strident de la nouvelle du jour. Au soir, le calme vient ; c'est le recul de tout le flot humain, jusqu'à la vague prochaine.

Ensemble, les deux arrondissements sont à peine grands comme un seul, et une bonne part de leur territoire est couverte par des jardins, des musées et des installations qui ne sont pas faites pour l'habitation. La population est cependant pressée comme nulle part. Il y a des places où l'on compte mille habitants à l'hectare, contre trois cents en moyenne pour Paris tout entier. Sur ce nombre, on compte à peine un enfant par onze habitants, alors que la proportion ordinaire est de un sur huit. C'est qu'on ne réside pas volontiers en cette région. Tous ceux qui le peuvent cherchent le repos hors du tumulte. On laisse le magasin ou le bureau à la garde d'un garçon, et l'on établit sa famille en des lieux plus tranquilles : cela est vrai pour la plupart des commerçants aisés et pour l'ensemble de leurs agents. Ceux qui restent semblent bien y être contraints par leurs fonctions ; au contraire des étrangers, ils ne sont pas là de plein gré.

Si l'on traçait une ligne partant du Louvre vers les boulevards, en passant par la Banque, on isolerait à gauche toute une région où il n'y a pas de pauvres ; à droite, il en existe quelques-uns. Ce sont, vers Saint-Germain-l'Auxerrois, quelques vieillards et aussi quelques rares ouvriers qui sont parvenus à découvrir une chambre non loin de la maison qui achète leur travail ;

et, au nord des Halles, une population très peu stable
et singulièrement équivoque qui vit des miettes du
marché et de la vente des journaux.

Ainsi, la bonne administration des secours publics
nous apparaît comme devant tenir compte de ces faits :
très peu de pauvres, peu d'enfants, pas de patronage,
c'est-à-dire pas de riches résidant auprès des malheureux et pouvant se rendre compte par eux-mêmes de
leurs souffrances, quelques vieillards et artisans dont
le logement doit être la charge principale et de nombreux adultes en peine d'une place, qui, n'en trouvant
pas, devraient être aidés, sinon forcés, à rejoindre le
lieu d'où ils viennent.

On a eu la bonne idée, en 1900, de montrer sous verre,
dans les galeries du Champ de Mars, une fourmilière au
travail. Si l'on pouvait voir en raccourci le IIIe arrondissement, on aurait une impression semblable. Les
rues y sont nombreuses, étroites, peu régulières, mal
soignées, bordées de hautes maisons, où les inscriptions
se heurtent dans un désordre pittoresque ; les produits
d'un travail attentif s'entassent dans ces locaux qui
sont autant de réduits où des artisans de mérite exercent
toutes les qualités qu'ils tiennent de leur race et de la
tradition. C'est le lieu de culture de l'article de Paris.
Il est fait de tout métal : d'or, d'argent, de cuivre, d'é-

tain, de plomb ; ou bien, d'écaille, d'ivoire, même de celluloïde : on a trouvé le moyen d'imiter, à s'y tromper, les pierres précieuses avec cette matière qui n'a pas de valeur. On fait des bijoux qui sont des œuvres d'art, ou des objets que l'on offre en loterie dans les baraques foraines. On travaille la plume, le caoutchouc, les bois précieux ; on invente la forme nouvelle du jouet, de l'article de pêche, du manche de canne ou de parapluie, de la gaine pour couteau. On parvient à recueillir jusqu'aux rognures de toutes ces matières ; c'est à cela que s'emploient avec profit les brûleurs de cendres du quartier des Archives, qui réalisent des fortunes dans les poussières abandonnées par les ouvriers bijoutiers.

Il ne faut pas tenter d'énumérer tout ce que crée la pensée de ces hommes qui sont à la fois des artistes, des industriels, des commerçants et des chimistes. On serait sûr d'oublier, et d'être injuste dans l'oubli. Il suffit que nous ayons le sentiment de la variété infinie qu'offrent tous ces comptoirs et de leur nombre incroyable.

Au contraire de nos constatations antérieures, la population tout entière réside. Le patron occupe quelques personnes. Il demeure dans les locaux de son commerce. Il loge une partie de son personnel et le reste demeure dans les maisons voisines. La vente se fait, non pas au passant, mais entre gens d'affaires qui agissent au nom des grands magasins ou pour le compte d'intermédiaires dont les boutiques sont riveraines des grandes voies. Tout le monde se connaît, souvent depuis de longues années, et cela se conçoit, puisque le travail à faire réclame le concours de l'homme et de la femme, du praticien formé par l'expérience et du jeune homme impatient de travail.

On a tenté d'acclimater la curatelle des pauvres dans cet arrondissement. La fin de ce système est de confier quelques unités parmi les malheureux au plus grand nombre possible de citoyens établis auprès d'eux. Cette tentative semble être abandonnée. Cependant, c'est bien là la forme d'assistance qui pouvait convenir en ce le lieu, puisque le pauvre y voisine avec le riche, a vécu de sa vie, qu'il peut encore, de temps à autre, se rendre utile par de menus services. Peut-être peut-on dire qu'il y a un peu plus de vieillards vers la rue Saintonge et un peu plus de chômeurs vers les Arts et Métiers ; mais, d'une façon générale, la misère apparaît comme également répartie sur l'arrondissement tout entier. Il suffirait pour s'en rendre maître d'un léger effort. D'ailleurs la population a toutes les qualités utiles pour le tenter. Elle recherche les occasions de groupement. Des sociétés, des comités, des conférences se fondent à tout moment pour toutes sortes d'objets. Il faudrait réveiller et laisser grandir la curatelle, et pour cela lui donner les moyens d'agir.

*
* *

Les quartiers du IVe arrondissement ont tous les quatre un aspect différent. Saint-Merri, aux limites des Ier et IIIe arrondissements, participe à la vie de ses voisins. On y remarque de nombreuses marchandes des quatre saisons, qui trouvent à loger leurs voitures aux environs de l'Hôtel de Ville, beaucoup de camelots et de porteurs aux Halles, enfin quelques maisons qui fabriquent de la mercerie, des chaussures et des chapeaux. Tout cela est dans le rayon d'attraction des deux marchés de l'alimentation et du vêtement, qui sont à côté. Un peu plus loin, les marchands de papier, de confiserie, de produits chimiques ont des traits de parenté avec les artisans dont nous avons noté l'activité patiente dans le IIIe. Enfin, vers le quartier Saint-Gervais, commence à se révéler la présence de ce type si spécial du juif polonais que l'on retrouve en divers lieux de Paris, notamment dans les IIIe et XIe arrondissements. Son occupation essentielle est de faire des casquettes, sans doute avec des débris achetés aux ouvriers tailleurs. Mais, il tente aussi la fortune d'autre manière. Tous les métiers lui sont bons, pourvu qu'il y ait à vendre ou à acheter. Il est permis de penser que la proximité du Mont-de-Piété explique pour partie la préférence marquée que cette population a donnée à la région. On a débaptisé, à tort sans doute, la rue aux Juifs dont le nom était un témoignage du passé et l'affirmation d'un fait actuel. Parmi ces gens, beaucoup sont misérables, en raison même de leurs charges de famille et de leur dénuement habituel quand ils viennent se fixer à Paris ; mais, d'autre part, que de qualités réelles il convient de leur reconnaître, notamment l'esprit d'entreprise, la persévérance dans l'effort, le souci des proches, même le succès, qui bien souvent est le résultat des vertus de la vie.

A Saint-Gervais, se trouve une bourse spéciale de travail. « *A la Grève* » et « *Au Coin* », les ouvriers terrassiers et les peintres offrent leurs bras à tous les employeurs ; les peintres surtout, dont la corporation compte 20.000 ouvriers. Ils viennent souvent de très loin sur ce marché « *du Coin* », où le patron est assuré de trouver tous les hommes dont il peut avoir besoin, par exemple pour la mise à neuf en vingt-quatre heures des locaux d'un grand magasin. Le quartier abrite beaucoup de maçons. Ils sont 50.000 dans Paris, dont le tiers, peut-être, est ici et dans le Ve. Ceux qui sont mariés occupent des locaux trop étroits pour leurs familles souvent nombreuses ; les autres logent à l'hôtel, chez un compagnon, avec qui ils se louent. Parfois, ils regagnent leurs pays pour l'hiver, au moment où le chômage se fait le plus sentir ; malheureusement, cette habitude tend à se perdre. Il est possible que les enfants du Morvan et du Limousin aient perdu quelque chose des habitudes d'économie qu'on vantait autrefois, et que par suite ils ne possèdent plus, au moment du départ, l'argent nécessaire pour faire le voyage. Il est possible aussi que les usages nouveaux dans la construction, qui permettent de bâtir même quand il gèle, aient fait naître chez eux l'espoir chimérique d'une occupation continue. Le fait certain est qu'un changement profond s'est opéré dans les mœurs de cette population. Il y a moins de dix ans, le bureau de poste de l'Hôtel de Ville faisait dans le centre de la France des envois d'argent très importants, produits par l'épargne ouvrière : ces envois ont cessé, en grande partie du moins.

L'Arsenal est peuplé de bourgeois généralement aisés. La Bibliothèque, les Archives de la Seine, les casernes et la place des Vosges contribuent à donner à cette région un aspect tranquille. C'est un ancien quartier riche qui a conservé quelques vieux hôtels. Cependant, il s'y trouve un assez grand nombre de vieillards qui sont inscrits au bureau de bienfaisance, et aussi quelques familles de ces juifs polonais dont nous avons parlé.

Le quartier Notre-Dame est naturellement divisé en deux parties ; il comprend les îles de la Cité et Saint-Louis. Toutes les maisons qui bordent la Seine sont occupées par de riches locataires dont quelques-uns ont leurs bureaux à l'entrepôt Saint-Bernard, mieux connu sous le nom de Halle aux Vins. Les rues parallèles et transversales sont habitées par une population peu aisée de petits rentiers, d'employés, d'ouvriers en chambre et surtout de sergents de ville, notamment dans la Cité. Les loyers sont chers ; on trouve difficilement une chambre pour 200 francs. C'est là ce qui explique l'absence des ouvriers maçons, cependant si nombreux sur les deux rives de la Seine.

En somme, dans cet arrondissement, le mouvement commercial perd peu à peu de son intensité ; il s'éteint dans les quartiers de l'Arsenal et de Notre-Dame. La population à secourir se compose de maçons en chômage, dans le quartier Saint-Gervais ; de journaliers sans travail, à Saint-Merri ; de quelques vieillards et infirmes, dans les îles et à l'Arsenal ; enfin de ce groupement des juifs polonais qui se prolonge dans les IIIe et XIe arrondissements. Pour ces derniers, des établissements de bienfaisance privés ont été fondés ; ils assurent un patronage qui est efficace, mais qui n'a pas de rapport avec l'organisation des secours publics.

*
* *

Sur la rive gauche, le boulevard Saint-Michel, depuis la Seine jusqu'à l'Observatoire, forme la ligne de partage des Ve et VIe arrondissements. A vrai dire, cette voie superbe est une artère centrale et non pas une limite. A gauche, se trouve la Sorbonne, chef-lieu de l'enseignement public; à droite, l'Institut, sénat de la pensée nationale. A gauche, l'Ecole de droit, l'Ecole normale, le Muséum, l'Institut agronomique ; à droite l'Ecole de médecine, l'Ecole des mines, l'Ecole des beaux-arts, l'Ecole de pharmacie. A gauche, les lycées Louis-le-Grand, Henri IV, le collège Sainte-Barbe, l'Ecole de la rue des Postes ; à droite, les lycées Saint-Louis, Montaigne, le collège Stanislas. A gauche, les grand et petit séminaires des prêtres irlandais et de Notre-Dame du Chardonnet; à droite les grand et petit Séminaires de Saint-Sulpice et de Notre-Dame des

Champs (1). Partout, des livres, des maisons d'éducation ou des couvents. C'est la patrie de l'Idée, sous toutes les formes où elle peut se produire.

Il y a éditeurs pour tous les livres, qu'il s'agisse de sciences, de lettres, de voyages, d'histoire, de religion ; éditeurs aussi pour l'image, la statue, l'ornement d'église, la médaille. La vie qu'on sent ici est moins extérieure que sur la rive droite ; son action n'a pas d'égale, si l'on songe à l'influence qu'exercent nos auteurs, nos savants, nos professeurs et nos artistes sur la France et sur le monde entier.

Le territoire qu'il s'agit d'étudier est grand comme l'ensemble des quatre arrondissements que nous venons de quitter. Il comprend tout l'espace compris entre le Jardin des Plantes, les Gobelins, l'Observatoire, la gare Montparnasse, les magasins du Bon–Marché, le pont du Carroussel et la Seine. Naturellement, l'aspect des habitants n'est pas le même partout.

Dans le Ve, le quartier de la Sorbonne se distingue par ses hôtels, qui sont aussi nombreux qu'aux environs des Halles ou du Palais–Royal. Ils servent au logement des étudiants, de leurs folles compagnes d'études et d'un grand nombre de journaliers : peintres, terrassiers, couvreurs, maçons, porteurs aux Halles, garçons de café ou de restaurant qui consacrent à leur

---

1. Cet établissement, à la suite des travaux de voirie nécessités par le prolongement du boulevard Raspail, a été transféré à Fontenay-aux-Roses. — On se propose de transporter le musée du Luxembourg dans les locaux désafectés du grand séminaire de Saint-Sulpice.

coucher une somme variant de cinquante centimes à trente sous par jour. La place Maubert est assez exactement le point central de cette région, qui s'étend sur une partie du quartier Saint-Victor. La misère se trouve ici dissimulée à l'ombre des maisons neuves qui bordent les boulevards et les larges rues du quartier.

Au delà du Panthéon jusqu'aux boulevards Saint-Michel et Port-Royal se trouve le quartier des couvents dont les dépendances considérables rejettent vers la vallée de la Bièvre une très nombreuse population ouvrière. C'est là, dans le quartier du Jardin des Plantes, aux limites du quartier latin, mais extérieur à lui, que se trouve un des groupements les plus curieux de Paris. Il est composé de maçons et de cordonniers en chambre, d'une colonie de chiffonniers, vers la rue Saint-Médard, et de quelques juifs, autour de la Halle aux cuirs. L'odeur dont la Bièvre emplit l'air a écarté depuis longtemps les délicats ; mais, en même temps, elle semble avoir servi de guide à tous les ouvriers qui dans Paris travaillent le cuir. Il est possible qu'une émigration s'opère sous peu ; la rivière, qui est un cloaque, va être couverte entièrement, et quelques-unes des anciennes tanneries ont déjà transféré leurs installations à Gentilly.

L'arrondissement contient beaucoup de malheureux. On s'en rendra compte en remarquant qu'il s'y trouve 30.000 logements de deux pièces au plus, situées le plus souvent dans des constructions fort anciennes, pressées les unes contre les autres qui sont autant de défis

portés aux plus élémentaires principes de l'hygiène
publique (1). Il faudrait provoquer l'union de tous les
concours pour livrer bataille à la misère, surtout dans le
quartier du Jardin des Plantes, où les familles comptent
tant d'enfants, et dans les rues qui avoisinent la Seine,
où les ouvriers sans travail sont si nombreux, notamment pendant l'hiver.

Le VIe arrondissement semble être le séjour favori
de ceux qui vivent de la plume, de la parole ou du pin-
ceau. Il n'y a pour ainsi dire pas de maison où l'on ne
trouve à la fois des avocats, des fonctionnaires, des
hommes de lettres ou des artistes, sauf peut-être dans
le quartier de la Monnaie et dans les maisons qui avoisinent l'Ecole de médecine. Celles-là ressemblent à
celles que nous venons de quitter dans la Sorbonne.

Les habitants semblent jouir des revenus de leur travail, non d'une fortune acquise. Cependant, l'exquise
promenade du Luxembourg, les boulevards et les quais
offrent des attraits qui sont de nature à tenter les plus
exigeants en matière d'art ou de curiosités intellectuelles.
A défaut de véritables riches, nous trouvons là, en grand
nombre, des gens de lettres, des magistrats, des professeurs, des avocats, des fonctionnaires, et hommes politiques, qui peuvent mettre un certain prix à leur loyer.
Ce sont eux déjà qui occupaient les grandes voies du

1. Voir la notice de M. le docteur Noir sur un îlot de maisons du
quartier de la Sorbonne, compris entre la rue Dante, les boulevards
Saint-Germain, Saint-Michel et la Seine, publiée, en 1905, par le
Journal *Le Progrès Médical.*

V^e arrondissement, notamment les rues des Ecoles, Monge, Claude-Bernard, Soufflot, Gay-Lussac, couvrant ainsi la masse bien plus profonde des nécessiteux. Ici, l'élément ouvrier a presque totalement disparu. Ce sont tous théoriciens ou praticiens de l'idée ; et, l'on se rendra compte de l'activité intellectuelle de tout ce monde en constatant combien sont nombreuses les sociétés qui ont leur siège social dans l'arrondissement. Elles sont au moins cinquante qui demandent asile à la mairie pour y tenir leurs réunions annuelles, mensuelles, hebdomadaires et même quelquefois plus fréquentes. En outre, chacun sait que l'Hôtel des Sociétés savantes, la Société de Géographie et quelques autres salles moins connues font, sur ce terrain, une concurrence active à la mairie du Luxembourg.

Le quartier de la Monnaie fait un peu exception à l'état de choses qui vient d'être observé. Il est habité surtout par des employés de commerce, dont les occupations sont dans les grands magasins de la rive droite ; par un très grand nombre de petits boutiquiers et d'employés, tels que : cochers d'omnibus, contrôleurs du métropolitain, gardiens de la paix, employés des postes et de l'octroi ; par des garçons de courses, des ouvriers tailleurs qui travaillent pour le compte des maisons de confection ; aussi par de nombreux bouquinistes, dont la marchandise emplit les étroits logements, avant d'être répandue sur les parapets des quais. Depuis des siècles le bric-à-brac du livre a élu domicile en cet endroit. Rien ne prouve qu'il doive, avant longtemps, s'établir ailleurs, puisqu'au contraire il ne cesse de s'étendre et d'envahir les rues avoisinantes. La misère n'a pas l'aspect sordide que nous avons constatée dans le Vᵉ. Ce sont tous travailleurs qui ont métier ou emploi. Cependant, comme ils sont généralement peu aisés, qu'ils ont parfois beaucoup d'enfants, ils ont besoin d'être aidés, dès que le travail vient à manquer ; par exemple, quand la maladie frappe le chef de famille.

Le quartier Saint-Germain des Prés ressemble un peu à la Monnaie dans la partie qui y confine. Seulement, le bouquin fait souvent place à l'image ou au dessin, sans doute, par suite de la présence de l'Ecole des beaux-arts ; et les hôtels, au lieu d'être fréquentés par des ouvriers ou de petits commis de magasins, le sont par des étudiants ou des employés, dont quelques-uns font des séjours de plusieurs années dans la même maison.

Au delà du boulevard Saint-Germain, tout le terri-toire des quartiers Saint-Germain des Prés, de l'Odéon et de Notre-Dame des Champs est habité bourgeoise-ment. C'est le rendez-vous de toutes les familles de for-tune moyenne, dont le chef est occupé à son cabinet, ou dans l'une des grandes administrations qui sont voi-sines. Les enfants trouvent dans les lycées ou institu-tions de la région l'instruction qui leur est nécessaire. Il convient de remarquer que les peintres semblent avoir choisi les environs du Luxembourg et du boulevard Montparnasse pour y établir leurs ateliers ; ils ont ten-dance, cependant, à s'éloigner un peu, dans la direc-tion du XIVᵉ arrondissement.

Il faut noter, dans le VIe, la présence d'un très grand nombre de domestiques ; surtout des femmes, cuisinières, femmes de chambre, bonnes d'enfants, femmes de ménage. Cela se comprend, puisqu'à tous les étages d'un même immeuble se trouvent des bourgeois qui ont maison montée. Il serait difficile de trouver, autre part dans Paris, autant de logeuses de bonnes, notamment dans la Monnaie, rues du Dragon et de Sèvres.

Pour l'arrondissement, la population à secourir est assez exactement groupée dans quelques lieux précis : dans la Monnaie, autour du marché Saint-Germain, dans la rue et la cour du Dragon, et à l'extrémité de la rue de Sèvres, vers le boulevard Montparnasse. Elle se compose plus spécialement de vieillards du côté de la rue de Sèvres, et surtout de chômeurs dans la Monnaie. Certains immeubles, comme la cour du Dragon et le numéro 105 de la rue de Sèvres sont d'importantes cités comprenant respectivement cent cinq et cent douze ménages. Ils sont bondés de malheureux. S'ils venaient à disparaître, la clientèle du bureau de bienfaisance se trouverait notablement diminuée.

*
* *

Le VIIe arrondissement couvre un territoire considérable, mais il y a lieu d'en distraire, au point de vue qui nous occupe, les déserts du Champ de Mars et des Invalides. Deux parts sont à faire : l'une, qui comprend ce que l'on appelle encore le faubourg Saint-Germain, c'est-à-dire les quartiers Saint-Thomas d'Aquin, des Invalides, et de l'Ecole Militaire ; l'autre, entre l'esplanade et le Champ de Mars, qui constitue le quartier du Gros-Caillou.

Le faubourg Saint-Germain est au chef-lieu de presque tous les ministères, Guerre, Agriculture, Commerce, Postes et Télégraphes, Travaux Publics, Instruction Publique, Cultes, Travail ; et de grandes institutions nationales, comme la Chambre, la Légion d'honneur, la Caisse des dépôts, l'Archevêché. De même plusieurs ambassades et presque tous les établissements militaires ont là leurs bureaux. Pour le reste, l'espace est occupé par les hôtels des vieilles familles qui n'ont pas encore émigré aux Champs-Elysées ou à Passy, par quelques éditeurs et libraires dans Saint-Thomas d'Aquin et par des maisons d'habitation dont les locataires ressemblent à ceux du VIe. Toutefois, entre les Invalides et l'Ecole Militaire, des officiers en assez grand nombre ont pris logement ou appartement ; ils donnent à cette petite région une allure spéciale. Peut-être, la nouvelle gare d'Orléans et la percée du boulevard Raspail vont-elles faire naître une certaine animation commerciale qui pour le moment fait presque totalement défaut, sauf dans la rue du Bac et plus spécialement aux environs du Bon-Marché.

Au faubourg Saint-Germain il y a deux foyers indigents : l'un, au haut de la rue de Sèvres, confondu avec celui que nous avons indiqué dans le VIe ; l'autre, dans les rues de Beaume et de Verneuil, où se trouvent quelques malheureux qui font profession de mendier. Ils parviennent assez facilement à trouver des ressources, grâce à la proximité de riches familles où quelques-uns d'entre eux ont servi autrefois comme domestiques.

Le Gros-Caillou, au contraire du faubourg Saint-Germain, sauf en bordure des avenues et boulevards, contient beaucoup de petits logements dont les loyers ne sont pas très élevés. Une notable fraction de la population est peu aisée. La manufacture des Tabacs, les manutentions du Louvre et du Bon-Marché, les équipements militaires, enfin quelques fabriques d'appareils photographiques et de câbles télégraphiques assurent du travail à nombre d'ouvrières. D'autres femmes s'emploient au ménage dans les petits logements. Enfin, quelques-unes travaillent à l'aiguille pour des entreprises, ou bien partent chaque jour à leur travail dans les ateliers de la rive droite. Les hommes sont garçons de magasins, gardiens de la paix au VIIIe ou au VIIe, employés d'administrations, surtout du ministère des Postes ; très peu sont ouvriers ou employés de commerce, les loyers étant encore trop élevés pour cette catégorie de travailleurs. Dans le Gros-Caillou, il existe quelques familles nombreuses ; beaucoup réclament l'aide des secours publics. Cependant, nous venons d'indiquer de nombreuses sources de travail. Bien des ménages où tout le monde est occupé ont le nécessaire et même une modeste aisance. On dit que dans l'arrondissement et même au Gros-Caillou, ceux qui demandent sont des mendiants. Il est possible que cette opinion soit fondée. Il faudrait, si elle est vraie, chercher le moyen de décourager ces sollicitations déplacées et de réveiller l'activité habituellement féconde des efforts individuels.

La municipalité du VIIe arrondissement organise tous les ans une fête foraine sur l'esplanade des Invalides. Elle peut le faire sans gêner les habitants, grâce au vaste espace dont elle dispose. Elle trouve ainsi des ressources appréciables qui lui ont permis de doter largement sa Caisse des Ecoles.

*
* *

Le VIIIe passe pour être l'arrondissement le plus riche de Paris. Les hauts fonctionnaires de l'Etat, dans l'armée et l'administration, l'aristocratie de la banque et du commerce, enfin ceux qui jouissent d'une très grosse fortune ont établi leur résidence dans ce séjour magnifique. Une partie du quartier de la Madeleine du côté des boulevards et de la rue Royale contient un certain nombre de commerçants qui vendent des objets de luxe et des curiosités de prix. Partout ailleurs, ce ne sont que maisons d'habitation qui rivalisent de confort et de richesse. On peut constater dans le voisinage de l'Arc de Triomphe la présence d'une importante colonie d'étrangers et spécialement d'Américains qui viennent passer là, souvent dans des appartements garnis, les quelques mois qu'ils passent tous les ans à Paris. De même, le quartier de l'Europe se distingue des quartiers voisins par le nombre des jolies, jeunes et aimables femmes qui l'habitent et qui sont la fine fleur du monde de la galanterie.

Il y a fort peu de pauvres, à peine un millier pour l'arrondissement tout entier. Pas d'enfants ; c'est une exception, quand une femme vient réclamer les soins d'une sage-femme. D'ailleurs les loyers sont d'un prix si élevé qu'une modeste chambre se paie couramment 500 francs. Comment donc se fait-il qu'il y ait place ici même pour un millier de pauvres ? On peut évaluer à 400 environ le nombre de ceux qui demandent par suite d'un accident de la vie, maladie ou perte de travail ; ce sont généralement des cochers, gens de maison, garçons coiffeurs ou hommes de peine. Le reste se compose de vieilles femmes, presque toutes anciennes domestiques qui ont trouvé dans de magnifiques maisons une chambre sous les toits, dans un coin reculé, dont le concierge tire directement profit à l'insu du propriétaire. Dans le quartier de l'Europe, quelques vieilles qui font encore des ménages, avouent assez volontiers la vie aux mœurs faciles qu'elles ont menée et semblent avoir pris soin, comme dernière coquetterie, de rester au lieu de leurs exploits d'autrefois. La rue du Rocher, dans sa partie basse, l'impasse Dany et la galerie de Cherbourg sont un lieu d'asile pour le petit commerce ; de là proviennent quelques demandes de secours ; là demeurent quelques dizaines d'inscrits au bureau de bienfaisance. Enfin deux maisons neuves ont été construites récemment pour recevoir les indigents ; ce sont les immeubles 3, avenue Beaucour, qui ne comprend pas moins de 105 logements, et 26, rue du Général-Foy, qui en contient presque autant. Le loyer est gratuit, l'entretien est aux frais de la riche paroisse de Saint-Philippe du Roule. Il semble qu'on ait eu la crainte de voir disparaître entièrement de ce côté la population nécessiteuse.

Le IXe est par excellence le lieu des plaisirs. Il est tout près des fortunes faites, au delà de la gare Saint-Lazare et de celles qui se font, de l'autre côté des boulevards. La table, le spectable et le reste offrent à ceux qui s'amusent, étrangers et citadins, les derniers raffinements de la vie parisienne. Le quartier Saint-Georges est bien à ce point de vue une suite du quartier de l'Europe, mais les petites dames qu'on y rencontre ont peut-être une vie plus au dehors, avec des allures plus provocantes. D'ailleurs, elles ne sont pas seules à occuper la place. Il existe une très nombreuse population de gens à gros revenus dont les établissements commerciaux ou les bureaux sont dans les premiers arrondissements. Ils se trouvent ainsi logés à proximité de leurs affaires. Beaucoup d'entre eux sont israélites ou protestants.

Le quartier de la Chaussée d'Antin, sauf dans la partie qui comprend les administrations des grandes compagnies de chemin de fer est surtout occupé par la finance, les banques, les grands hôtels et la colonie commerçante d'Angleterre. Le faubourg Montmartre est une suite du II⁰ arrondissement. Il comprend comme lui une active population commerciale. Le bibelot y a son temple et ses ministres, à l'Hôtel des Ventes. C'est là, aussi, que se sont donné rendez-vous presque toutes les rédactions de journaux qui n'ont pas pu trouver à se loger dans la rue Montmartre. Le quartier Rochechouart donne asile à quelques commissionnaires, dont le nombre va grossir dans le X⁰ arrondissement. Enfin, le quartier Saint-Georges, en outre des habitants dont nous avons déjà parlé, offre aux artistes, et notamment aux peintres, un grand nombre d'ateliers. Ils y viennent en foule, escaladant les premières pentes de la butte Montmartre, à la poursuite de l'idée qui travaille leur cerveau. Les modèles qui n'ont pas trouvé preneurs aux environs du Luxembourg, viennent chaque matin offrir sur la place Saint-Georges et dans les rues environnantes, les réalités vivantes qui flottent dans le rêve inquiet de l'artiste.

La population à secourir n'est pas considérable ; elle comprend à peine 2.500 personnes sur 125.000 habitants. Plus des trois quarts de ces malheureux habitent le quartier Rochechouart et le haut du quartier Saint-Georges. C'est ainsi que 900 indigents, parmi les 1.150 qui forment le total des inscrits au bureau de bienfaisance, habitent cette région. La rue et le passage Rodier, la cité Fénelon, l'impasse Briare, les rues Rochechouart et Bellefonds et, dans le quartier Saint-Georges, les rues Bréda, Clauzel et Frochot renferment quelques grandes maisons où trouvent asile d'anciennes femmes de ménage, et pour les hommes, des garçons d'hôtel ou de café sans emploi. Il serait sans doute téméraire de dégager une règle générale ; cependant, il semble que la très grande majorité de ceux qui demandent dans le IXᵉ appartiennent au monde des domestiques.

*
* *

Le XIᵉ arrondissement a bien des points de ressemblance avec le IIIᵉ dont il est séparé par la ligne des boulevards. C'est le même assemblage de rues étroites, la même densité de population, la même activité. Seulement le territoire est deux fois plus grand ; au lieu de joujoux, on produit de puissantes machines : les maisons n'occupent plus quelques dizaines d'ouvriers, mais souvent plusieurs centaines ; le maître d'entreprise est un ingénieur qui manie le fer, l'acier, le cuivre ou le bois. Le caractère industriel de l'arrondissement peut être précisé par cette remarque qu'à Paris il existe vingt-cinq usines environ qui produisent la force motrice pour la vendre ; dix-huit d'entre elles donnent la vie à tous ces ateliers dont quelques-uns ont une réputation universelle.

L'aspect général n'est pas séduisant. Si l'on regarde une carte, on est surpris du dédale de rues, de passages, d'impasses, de cités, de cours qui encombrent l'arrondissement tout entier. Il n'y a pas lieu à ce point de vue de distinguer entre les quartiers : tous fourmillent d'ouvriers. L'industrie du bois est surtout en honneur dans le quartier Sainte-Marguerite, le long du faubourg Saint-Antoine ; la métallurgie occupe le reste du territoire, un peu dissimulée par les maisons d'habitation qui bordent les avenues Philippe-Auguste, de la République et les boulevards Voltaire et Richard-Lenoir.

La population est en nombre la plus considérable des arrondissements de Paris, après celle du XVIIIe ; mais, elle n'est pas la plus pauvre, bien qu'il y ait près de 5.500 indigents inscrits au bureau de bienfaisance. C'est que les ressources sont nombreuses. Les salaires sont généralement élevés dans ces industries qui réclament des connaissances professionnelles très sérieuses. Il n'est pas rare, parmi les constructeurs de machines ou les faiseurs de meubles, de rencontrer des ouvriers qui gagnent dix francs par jour et parfois davantage. De plus, les femmes, comme les hommes, trouvent facilement à s'employer dans des professions qui rapportent. Les décolteuses, brunisseuses, riveuses ont un salaire moyen de trois francs et les monteuses de couronnes de six francs quelquefois. Il peut donc arriver, et il arrive en effet, que certains ménages ouvriers vivent dans l'aisance. Malheureusement, c'est l'exception. Il faut compter avec les charges de famille, avec le chômage, et aussi avec l'imprévoyance habituelle de la classe ouvrière. De plus, à côté de métiers qui paient bien, il en est d'autres qui assurent à peine la subsistance.

Dans le quartier de la Roquette, aux environs de la Bastille, avec la rue de Lappe et le passage Thiéré comme point central, nous retrouvons les juifs polonais, faiseurs des casquettes du IV° arrondissement. Ils vivent confondus avec les chiffonniers du fer, qui, eux, sont Auvergnats. Il s'agit là d'un groupement si important qu'il s'est créé pour lui un marché spécial, où l'on trouve tous les produits alimentaires d'Auvergne, surtout des pâtes, des fromages et de la charcuterie. Le ferrailleur est vendeur et acheteur de tout objet de fer ayant servi ; on trouve, chez lui, des clous ou des machines et ses affaires peuvent à ce point se développer qu'on en voit parfois qui achètent au poids des wagons entiers pour les revendre ensuite au détail.

A l'autre extrémité du quartier, dans les terrains qui longent l'avenue Philippe-Auguste se trouve un refuge de forains. Il y a là toujours au moins soixante roulottes qui abritent des familles remarquables par le nombre des enfants. Le ménage peut parfois en compter une dizaine. qui vivent littéralement les uns sur les autres. Aussi le médecin a-t-il de très fréquentes visites à faire de ce côté. On dit qu'un guide généralement le conduit vers son malade, d'abord pour lui marquer sa route, puis pour écarter de lui les ours et les fauves qui rôdent au hasard sur le terrain.

Peut-être avant de parler des forains qui sont une exception, aurait-il mieux valu s'occuper des porteurs aux halles et des marchandes des quatre saisons qui sont nombreux. Les Halles sont assez loin pour être

hors de portée de la population qui réside; donc, il y a
place, pour les loueurs de petites voitures, à un certain
profit. Les loyers, sans être encore d'un prix très abor-
dable, sont cependant beaucoup moins chers que dans
le IIIᵉ. On paie une chambre 100 à 200 francs et l'hôtel
coûte généralement de 2 fr. 50 à 3 francs par semaine.
Ces prix conviennent non seulement à l'ouvrier qui fabrique en chambre les mauvais objets de bois que l'on vend
le samedi, à la « Trôle », à l'angle du faubourg Saint-
Antoine et de l'avenue Ledru-Rollin, mais encore à un
très grand nombre de journaliers qui constituent une
bonne part de ceux qui demandent.

Les foyers indigents sont nombreux, ce qui n'a pas
lieu d'étonner, puisque le nombre des inscrits est d'environ 5.500. Les plus remarquables s'appellent dans la
Roquette, la cité Lesage avec 200 à 300 vieilles femmes
dont la plupart sont marchandes des quatre saisons,
'impasse Delaunay et la cité Industrielle qui à elles
deux comptent bien 150 indigents, les rues Popincourt,
de Montreuil et du faubourg du Temple qui sont très
malheureuses. Dans le quartier Saint-Ambroise, l'impasse Trouillot compte autant d'inscrits que la cité
Industrielle. Pour le reste, la population nécessiteuse
est assez uniformément répartie, les centres les plus
chargés d'indigents se trouvant être aussi ceux qui
comptent le plus de nécessiteux, sauf pour la cité
Lesage et l'impasse Delaunay, où il n'y a guère que des
vieilles femmes.

En somme, cet arrondissement mérite de fixer l'attention à cause de sa très grosse population ouvrière, des qualités professionnelles qu'il y a lieu de lui reconnaître, aussi de ces salaires élevés qui rendraient l'épargne possible si les cabarets étaient plus rares et la vie moins onéreuse. Peut-être serait-il possible d'organiser pour la moyenne industrie des caisses de prêt gratuit, des caisses de secours et des économats sur le modèle de ceux que certaines grosses compagnies ont fondés à Paris. Le tenter, ce serait faire œuvre utile en matière d'assistance publique.

Comme dans le IIIe, un très grand nombre de personnes s'occupent des pauvres dans cet arrondissement. A défaut des patrons et ingénieurs, qui ne résident pas toujours auprès de leurs établissements, le bureau de bienfaisance trouve de très nombreux auxiliaires parmi les contremaîtres, employés et petits commerçants qui recherchent les fonctions d'administrateur et de commissaire, et généralement s'en acquittent avec conscience. Il ne serait pas très difficile, semble-t-il, d'instituer ici une curatelle.

Il nous a semblé que, pour avoir une impression précise du X[o] arrondissement, il était sage de connaître d'abord les deux arrondissements voisins dont il n'est guère que le prolongement. D'un côté du canal, dans le quartier de l'hôpital Saint-Louis, on se croirait encore dans le XIe ; ce sont les mêmes industries, les mêmes cités ouvrières, aussi les mêmes hôtels dont quelques-uns sont disposés pour coucher à la nuit, notamment dans la rue du faubourg du Temple. Sur l'autre rive, le quartier Saint-Vincent de Paul ressemble au quartier Rochechouart ; on y voit un nombre considérable de commissionnaires, d'emballeurs et de voyageurs de commerce qui ont pris pension dans les hôtels des environs des gares. Quant aux quartiers de la porte Saint-Denis et de la porte Saint-Martin ils gardent l'aspect général du faubourg Montmartre, avec plus de commerce dans la porte Saint-Denis, spécialement dans les rues de Paradis et des Petites-Écuries, qui sont comme l'entrepôt des objets de verre, de porcelaine et de plumes ; et, plus d'ouvriers dans la porte Saint-Martin, aux abords de la Bourse du travail.

Les seules particularités de l'arrondissement lui viennent de la ligne du canal qui le traverse dans une grande étendue, et des deux gares terminus des chemins de fer de l'Est et du Nord. Toutefois, ce n'est pas là que réside la grande masse de coltineurs et des employés de chemins de fer. Quelques-uns se sont fixés à l'hôpital Saint-Louis et dans l'espace compris entre les chemins de fer, le canal et l'hôpital Saint-Martin ; mais, on peut dire que tout le reste, c'est-à-dire la très grande majorité, a cherché logis dans les XVIIIe et XIXe arrondissements, comme la plupart des ouvriers occupés aux dépôts des omnibus, des petites voitures, aux équipements militaires et à la raffinerie Lebaudy.

Ainsi, la population de l'arrondissement est extrêmement variée. Beaucoup d'hommes et de femmes ont leur travail ailleurs ; tels, les apprentis des deux sexes, les garçons de course, couturières, lingères, fleuristes, plumassières, modistes, mécaniciennes dont l'ensemble peut bien représenter 20.000 personnes. A ce point de vue, l'arrondissement peut déjà se comparer à ceux de la périphérie, puisqu'il comprend une part importante de travailleurs modestes dont le salaire assure la subsistance, sans cependant leur donner l'abondance et les expose à des besoins d'argent.

On peut évaluer à 2.200 le nombre des inscrits au bureau de bienfaisance et à 5.000 celui des nécessiteux. Plus de la moitié de ces nombres est fournie par le quartier de l'hôpital Saint-Louis qui est très malheureux dans certaines de ses parties. Les cours des Bretons, de la Grâce-de-Dieu, Saint–Maur sont des immeubles considérables comprenant une dizaine d'escaliers qui desservent une quantité de logements ouvriers. Avec la rue Bichat et le passage Corbeau, ce sont les lieux où il y a le plus de malheureux.

Le reste de l'arrondissement est assez aisé. Cependant, il convient de signaler dans la Porte Saint-Martin, autour du marché, dans la rue Bouchardon et la cité Riverin, quelques hommes de peine qui logent dans de mauvais hôtels ; impasse Lancry, quelques bonnes sans place ; et, dans la Porte Saint-Denis, le long de la prison, dans la cour de la Ferme Saint-Lazare, un groupe assez nombreux de chiffonniers et de marchands de bric-à-brac.

*
* *

Nous avons ainsi passé une rapide revue de tous les arrondissements du centre de Paris. Si l'on voulait rayer l'un d'eux de la carte, on ferait beaucoup plus que diminuer la ville. On la priverait du même coup d'un de ses caractères essentiels. Autant vaudrait mutiler l'œuvre d'un maître ou supprimer Chimène dans le récit du *Cid*.

Chacun de ces arrondissements a une figure originale, et souvent on pourrait faire là même remarque pour les quartiers. Ils se différencient les uns des autres par l'aspect extérieur, par l'étendue, par la densité de la population, par la nature même des professions qu'exercent leurs habitants. Tous ceux qui ont écrit sur Paris ont déjà mis au jour cette vérité. Mais, jamais peut-être il n'était plus nécessaire de la rappeler, puisque la fin de cette étude est de rechercher quelle est et quelle doit être l'action des secours publics sur l'existence de la masse importante des pauvres.

LES ARRONDISSEMENTS DE LA PÉRIPHÉRIE

Le Paris des arrondissements excentriques, c'est la plus grande Ville, la Ville prolongée. Nous avons vu les éléments nombreux, variés, puissants, magnifiques qui constituent son centre ; ils s'épanouissent maintenant en perdant un peu de leur éclat, mais en même temps en promettant croissance et progrès. Là-bas, la population ne peut plus croître ; on a beau prendre sur les promenades et les jardins, l'espace manque, il n'y a plus de place ; même, par les besoins de la circulation toujours plus active, il faut élargir les rues, jeter bas des maisons, faire effort pour refouler la masse des résidents. Ici, on est à l'aise ; on ne voit plus mille choses à la fois ; on sent que l'agglomération qui déjà s'est formée, n'a pas encore atteint son parfait développement ; les maisons construites en appellent de nouvelles, qui ne cessent de s'édifier les unes après les autres. Ce Paris est déjà sûr de lui, il est vieux de quarante ans, en pleine possession de ses forces ; c'est un beau rejeton qui montre à nu ses qualités et ses défauts et semble heureux de les faire voir. Il n'en a, en tous cas, nulle honte et nous croyons qu'il a raison ; car, nous sommes en présence d'une manifestation de force saisissante, et la force est toujours belle à voir. Malheureusement, le point spécial qui nous occupe, la misère, va s'imposer à nous avec une intensité que nous n'avions pas encore ressentie.

La population se compose pour partie d'éléments nouveaux. D'abord, toutes les grandes compagnies de chemins de fer ont établi leurs gares de marchandises à l'extrémité de la Ville et elles occupent un très nombreux personnel ; puis, toutes les grandes entreprises de travaux publics et de roulage ont trouvé dans cette région le terrain qui leur est nécessaire pour abriter leur matériel ; puis, les grosses manufactures et usines ; puis les métiers de rebut, tels que l'industrie du chiffon, qui n'auraient pas au centre les tolérances nécessaires et succomberaient sous les charges ; puis, les anciens groupements des communes suburbaines qui parfois ont des traits de particularisme original. Enfin, une bonne part des habitants ont leurs occupations journalières au cœur de Paris ; ils partent le matin au travail et reviennent le soir retrouver leurs familles.

Ainsi, deux parts sont à faire dans ces arrondissements : la vie propre de l'endroit, trouvant son principe dans l'industrie locale ; et la vie de Paris prolongée, dont la source est au centre, mais dont les agents résident ici. Par-dessus tout, ce sont des lieux d'habitation, soit qu'une ou plusieurs industries y aient fait élection de domicile avec le personnel ouvrier tout entier, soit qu'en grand nombre, des individus aient trouvé là la plus grosse somme des commodités qu'ils recherchent pour l'existence.

Le plus souvent la partie la moins extérieure ressemble, et se confond parfois avec le quartier voisin ; quant au reste du territoire, ou bien il se spécialise par la présence d'une grande entreprise, ou bien il est consacré à peu près complètement à des maisons d'habitation.

Jusqu'ici, pour définir le caractère général d'un arrondissement, d'un quartier, ou même d'une rue, il suffisait d'ouvrir les yeux. Tous les étages des maisons portaient souvent la marque du travail qu'on y fait ou du commerce qu'on y exerce. Maintenant, les murs sont muets ; il faut voir à l'intérieur pour apprendre ce qui s'y passe ; même ainsi, il n'est pas certain qu'on obtienne toujours une impression précise. Il semble que, par comparaison, notre embarras puisse s'expliquer.

On peut dire quels sont les traits nationaux d'un vieux pays d'Europe. La France, l'Espagne, l'Angleterre, l'Allemagne ont des signes spéciaux qui marquent leur génie. Peut-on, avec la même sécurité, définir les Etats d'Amérique ? L'Union, par exemple, ou le Mexique ? Sans doute, il est permis d'affirmer qu'il y a là de grandes nations en formation et qu'elles donnent de belles promesses ; mais la fusion des éléments qui les composent n'est pas complète ; il n'y a pas de tradition, pas d'histoire ; la personnalité du peuple n'est pas faite.

Un phénomène de même nature s'est produit pour les arrondissements périphériques de Paris. Chez eux, voir ce qui est, ce pourra être prévoir ce qui sera.

*
* *

Nous avons sous les yeux la carte du XIIe arrondissement, et comme pour la première fois il s'agit d'un des arrondissements de la périphérie, il est quelques remarques qui s'imposent. Il y a de l'air partout, sauf peut-être dans la partie qui touche au XIe arrondissement et qui est bornée par la rue du Faubourg-Saint-Antoine. Sur ce point, on se croirait encore dans le quartier Sainte-Marguerite ; les ouvriers y sont aussi nombreux et les garnis n'y sont pas plus rares. Pourtant, on voit bien que le terrain n'a plus la même valeur ; les grands établissements tels qu'hospices, hôpitaux, casernes, maisons d'éducation se succèdent à intervalles tout le long de la rue du Faubourg. Plus loin, ce sont des espaces considérables qui sont pris par les gares, les dépôts, les hangars, les couvents. Puis les avenues et les boulevards se multiplient formant à leurs points de contact des places qui quelquefois sont superbes. L'espace ici n'est pas mesuré comme dans l'ancien Paris que nous venons de quitter. Pourtant, la plaie des logements surpeuplés n'a pas disparu. Ce n'est pas la cherté des loyers qui en est la cause comme dans le centre, c'est la misère qu'il faut de suite dénoncer, bien que l'arrondissement ne soit pas un des plus malheureux.

Les quartiers ne se ressemblent pas du tout. Il en est
deux qui sont en territoire le tiers ou la moitié des
autres : Bel-Air avec 13.000 habitants et les Quinze-
Vingts avec près de 50.000; les deux autres qui occupent
les trois quarts de l'arrondissement comptent 50.000 âmes
pour Picpus et 10.000 seulement pour Bercy. De même,
les caractères de la population varient beaucoup. A
Bel-Air ce sont des employés ou de petits rentiers ; aux
Quinze-Vingts et dans une partie de Picpus, des ouvriers
et employés de chemins de fer, le reste de Picpus étant
habité comme Bel-Air ; quant à Bercy, la place presque
entière est prise par l'entrepôt des vins et par les dépendances de la gare de Lyon, qui a là ses ateliers de réparations et ses hangars de marchandises. Depuis la place
Daumesnil jusqu'à la place de la Nation, il n'y a presque que des couvents. Les orphelinats de filles sont si
nombreux, qu'à population égale, il y a 3.000 enfants de
plus, à Picpus, qu'aux Quinze-Vingts, dont 2.000 filles
environ. On fait des tonneaux à Bercy, des meubles
aux Quinze-Vingts. On transporte, sur le quai de la
Rapée, de la pierre, des briques et du sable. A l'une des
extrémités de la rue de Charenton est située une importante manufacture des Tabacs ; à l'autre, à l'angle
de l'avenue Ledru-Rollin, se tient tous les samedis le
marché de la « Trôle », nouvellement réglementé par
la Préfecture de Police, où les ébénistes en chambre vont
offrir leur travail. Entre les deux lignes des chemins de fer de Vincennes et de Lyon, et jusqu'à la rue
Crozatier, une bonne partie des petites rues et des passa-

ges, si nombreux à cet endroit, sont habités par les employés des compagnies, par les préposés de la douane et les agents de l'octroi.

Plus on s'éloigne du centre de Paris, plus la population semble aisée, sauf pour les abords de la gare de Lyon, qui ont été heureusement transformés par la démolition de la prison de Mazas. L'explication de ce fait, qui peut paraître anormal, semble être la suivante : c'est que l'arrondissement est traversé d'un bout à l'autre par la belle avenue Daumesnil, où circulent de rapides voitures électriques. L'employé peut donc facilement se rendre au lieu de ses occupations. Il lui en coûtera quelques minutes de plus à chaque voyage ; et, en retour il aura loyer moins cher, et, pour ses heures de loisir, le voisinage du bois de Vincennes, qui est aux petites bourses ce qu'est aux grosses le bois de Boulogne.

Tous, nous connaissons la place de la Nation pour être allés, au moins une fois en notre vie, à la foire aux Pains d'Epices. En cet endroit, on peut, chaque année, passer la revue de tous les marchands ambulants, forains, acrobates, qui sont maintenant fixés à Paris, puisque les foires y sont perpétuelles. Ils sont 5.000 environ vivant dans leurs roulottes, et visitant successivement les divers quartiers extérieurs. Ce n'est pas dans le XIIe arrondissement qu'ils hivernent. Nous en avons signalé dans le XIe ; il y en a dans le XXe, dans le XVIIIe et dans le XIIIe. Le reste trouve refuge, hors de l'enceinte, sur les terrains soumis à la servitude militaire.

En somme, l'arrondissement, dans son ensemble, est un des moins peuplés de Paris. Dans les quartiers de Picpus et de Bel-Air, on rencontre surtout de petits bourgeois et des employés ; aux Quinze-Vingts la population se compose d'ouvriers et d'agents des chemins de fer ; le reste du territoire est pris par les maraîchers, les entrepôts et les gares.

Les pauvres sont relativement très nombreux dans les Quinze-Vingts et dans la partie de Reuilly qui est voisine. L'îlot de maisons où se trouvent le passage Raguinot, le passage Moulin, l'impasse Jean-Bouton, abrite un grand nombre d'agents secondaires de la Compagnie des chemins de fer de Lyon dont le salaire est d'environ 4 francs par jour et qui ont souvent la charge de familles nombreuses. De même, à l'angle du boulevard Diderot et de la rue de Reuilly, il existe un important foyer indigent : aux numéros 55 et 67 de cette rue se manifeste la présence de journaliers, manœuvres, terrassiers, hommes de peine, qui très souvent ont besoin d'être aidés. Enfin, passage Montgallet et passage Steinville, il y a beaucoup d'inscrits au bureau de bienfaisance. Quant au quartier des Quinze-Vingts, il est inutile de préciser ; partout on trouve des malheureux.

Peut-être y aurait-il quelques mesures à prendre, et il semble qu'on s'en préoccupe, pour protéger l'ouvrier contre les entreprises dont il est la victime au marché de « la Trôle ». Il a des besoins pressants et son acheteur en abuse. Si l'on organisait une société mutuelle de vente, sans chercher à réduire l'indépendance dont veulent jouir ces ouvriers, sans doute on rendrait un signalé service à une population de travailleurs bien dignes d'intérêt.

*
* *

Le XIIIᵉ est un arrondissement perdu, au bout de la ville. Il est enfermé entre le fleuve, la montagne Sainte-Geneviève et la vallée de la Bièvre. La Seine aurait pu servir de voie de transport vers le centre, si les dépendances du chemin de fer ne formaient pas, devant le fleuve, comme une barrière qui en défend l'accès. Il n'y a pas de voie directe pour en sortir, parce que l'ensemble du Vᵉ arrondissement se dresse comme un obstacle qu'il faut tourner. On comprend que cet endroit de Paris se trouve désigné pour recevoir la décharge publique, et avec elle les malheureux qui peuvent y découvrir des moyens d'existence, pour se loger et se nourrir. D'ailleurs les terrains en contrebas, qui sont inondés chaque hiver, et les carrières effondrées permettent à peine des constructions légères où trouve refuge une nombreuse population composée pour partie de tous les éléments malsains des professions déjà vues. C'est de beaucoup l'arrondissement le plus misérable de Paris ; mais il n'a pas l'aspect maussade. Au contraire, ses belles avenues, ses hauteurs et ses plaines offrent parfois des aspects d'un pittoresque saisissant. Il peut plaire au promeneur.

Victor Hugo a dit quelque part:

On vit de rien, on vit de tout, on est content.

Il n'est pas bien sûr qu'on soit toujours content dans le XIIIe arrondissement ; mais, s'il est un endroit où l'on vit à la fois de rien et de tout, c'est certainement ici. D'après les statistiques, la moyenne du loyer annuel par habitant est de 55 francs, alors que pour Paris elle est de 176 francs. Les denrées alimentaires sont à des prix beaucoup moins élevés qu'aux Halles ; dans les marchés et chez certains vendeurs on peut se procurer des bas morceaux et certaine viande qu'on trouverait difficilement en un autre endroit de la ville. Enfin, doit-on le dire ? beaucoup parmi les chiffonniers mangent ce qu'ils trouvent dans les restes abandonnés à la porte des belles demeures.

Si l'on demande à quelqu'un ayant vécu dans la région, quelles sont les professions dominantes qu'on y rencontre, de suite, il est parlé des ouvriers raffineurs, des chiffonniers, des porteurs aux Halles, des maquignons, des terrassiers ; en même temps l'affirmation revient que tous ces gens sont malheureux et qu'ils ont un très grand nombre d'enfants. Cette idée de la cité de misère est encore précisée par la présence du pesant asile de la Salpêtrière dont la population est évaluée à plus de 5.000 âmes et dont les dépendances couvrent la moitié du quartier qui porte son nom.

C'est là que se trouvent la célèbre et triste Cité Doré entièrement habitée par des chiffonniers, les abattoirs désaffectés de Villejuif, centre de la boucherie hippophagique, le marché aux chevaux (1) et la lugubre rue de Villejuif où tous les journaliers en guenilles vont faire la noce.

Le territoire habité, dans ce quartier, n'est pas considérable. Il touche au Ve arrondissement et a reçu une partie des malheureux qui ont dû quitter le Jardin des Plantes à la suite des travaux de voirie qu'on y a faits. C'est ainsi que les environs de la place d'Italie ont fait héritage d'un grand nombre de brocanteurs et chiffonniers, de toute la colonie italienne des modèles et de presque tous les journaliers à professions équivoques qui fréquentent le marché aux chevaux ; on trouve aussi un certain nombre des agents de la Salpêtrière et du Magasin Central des Hôpitaux, quelques employés du Chemin de fer d'Orléans et quelques ouvriers de la raffinerie Say.

Le quartier de la Gare est deux fois plus étendu que son voisin de la Salpêtrière et deux fois plus peuplé. Cependant, un espace considérable est pris par les dépendances de la gare d'Orléans tout le long de la Seine. Malgré cela, il existe en bordure du boulevard de la Gare et de la rue de Tolbiac quelques industriels qui fabriquent pour l'entrepôt de Bercy des tonneaux et les autres objets nécessaires au commerce des vins ; à côté d'eux se sont établis quelques entreprises de roulage,

---

1. Ce marché vient d'être transporté dans le XVe arrondissement ; les nouvelles constructions s'élèvent sur un terrain dépendant de l'abattoir de Vaugirard, en bordure de la rue Brancion. Le marché aux chevaux du boulevard de l'Hôpital a cessé de fonctionner le 23 novembre 1907.

également destinées à l'entrepôt. Il est probable que si
la gare du chemin de fer n'existait pas, la gare fluviale,
qui a donné son nom au quartier, aurait une importance beaucoup plus apparente. Les débardeurs qui
sont occupés sur les deux rives du fleuve logent ici, ainsi
qu'une bonne part des employés du chemin de fer ; et
aussi, malheureusement pour le quartier, un très grand
nombre de journaliers qui se donnent comme porteurs
aux halles. Ce sont ces gens qui forment le fond de la
population de la cité Jeanne d'Arc, fameuse pour tous
ceux qui s'occupent des pauvres à Paris. On peut
dire que ceux qui habitent là sont tombés au dernier
degré de la misère. Cette cité est une petite ville qui
compte 600 ménages ; les gardiens sont armés ; ils
tiennent la porte toujours fermée et ne reçoivent personne sans un acompte de 0 fr. 25 pour la nuit. Parfois, malgré les précautions qu'ils prennent, ils doivent,
faute de paiement, procéder à des expulsions ; alors, ils
usent de moyens sûrs : ils enlèvent portes et fenêtres
et attendent que l'occupant ait disparu pour les remettre en place. En ce lieu, les visiteurs sont mal reçus,
même quand ils viennent pour donner ; il n'est pas
rare de trouver les marches d'un escalier encombrées
par des filles et leurs souteneurs ; et, dans la cour,
c'est un grouillement permanent d'enfants malpropres,
mal portants et grossiers. La cité Jeanne d'Arc est la
forme actuelle de la Cour des Miracles, d'antique mémoire. Un peu plus loin, la rue Nationale apparaît
comme la grand'rue des chiffonniers ; c'est là que se

trouvent ces grandes maisons d'épicerie dont les denrées sont offertes aux prix les plus bas qui soient connus.

A l'extrémité de cette rue, vers la porte d'Ivry, sont installés les vanniers qui campent sur les terrains non construits, pendant une partie de l'année. Ils vont, quand l'herbe pousse, parcourant les grandes routes, avec un mauvais cheval qu'ils ont acheté sur le marché et dont la nourriture doit ne rien leur coûter ; ils emmènent leurs grands chiens et laissent les vieux à la garde de la masure et du terrain. Enfin, vers la porte d'Ivry se tient, trois fois par semaine, le marché aux ferrailles qui est la source d'une animation réelle. Marchands et amateurs s'y rendent de bien des points de la ville et de la banlieue, notamment des XIᵉ et XIIᵉ arrondissements, aussi du Vᵉ ; en sorte qu'on trouve réunis en ce lieu, les Auvergnats-ferrailleurs, les juifs polonais, les cordonniers, les ouvriers terrassiers et raffineurs, les chiffonniers et journaliers, dont nous avons eu occasion de noter les groupements ; ils ont espoir de découvrir, au tas des rebuts, quelque morceau de valeur ; cette idée est la même qui pousse les gens beaucoup plus riches aux devantures des antiquaires, dans les belles rues du centre. Ils forment une foule dense, mal vêtue, qui circule autour d'objets couleur de rouille. Cette couleur-là pourrait servir de marque au quartier. Naturellement tout ce monde est pauvre. Ceux qui n'ont pas besoin sont des employés qui ont été attirés par le bas prix des loyers et qui n'ont pas craint de s'établir très loin de leur travail. Tous les autres demandent. Mais il convient de remarquer qu'on peut avec de faibles sommes assurer aux malheureux la nourriture et le logement, ce qui serait impossible en d'autres lieux de Paris.

Croulebarde est de beaucoup le plus petit des quartiers du XIIIe arrondissement ; il est aussi le moins peuplé et le moins pauvre. La vallée de la Bièvre le coupe
en deux et sur les rives de la rivière qui sera couverte
un jour, mais ne l'est pas encore, on voit se succéder de
nombreuses mégisseries en amont et en aval de la
célèbre manufacture des Gobelins. On a dit tout le bien
possible de l'eau de la Bièvre et de ses vertus ; cela
explique le passé. Aujourd'hui, tout le monde est d'accord pour reconnaître qu'elle sent mauvais ; les industriels s'en vont et l'ingénieur sait déjà ce qu'il va faire
pour transformer en un égout le riant ruisseau d'autrefois. Pour le moment, il y a là une industrie faisant
vivre des ouvriers de bon métier et non pas seulement
des manœuvres comme à la Gare ou à la Salpêtrière.
En même temps, la propreté régulière des grandes constructions, telles que couvents, casernes, hôpitaux, maisons d'instruction, contribue à donner cette impression que l'aisance peut ici parfois se rencontrer. Enfin,
les belles avenues Arago, de Port-Royal, des Gobelins
et le boulevard d'Italie assurent à cette région bon air
beau soleil. Il semble donc que la misère s'écarte. Elle
n'est pas éloignée pourtant, car il existe des foyers indigents rue Croulebarde, rue de la Glacière et, dès nos
premiers pas, dans le quartier de la Maison-Blanche,
nous la retrouvons, avec ses vilains traits.

Deux foyers considérables se distinguent de suite : à la Butte aux Cailles où la population est très dense, et rue de la Santé, en bordure du XIV⁰ arrondissement, derrière l'hospice Saint-Anne, aux environs du passage et de l'impasse Prévost. Toute cette région, qui est bornée par la rue de Tolbiac, est habitée par des chiffonniers dont les mœurs sont assez accueillantes, au contraire des observations faites à la Gare. Ici, les femmes sont ravaudeuses et c'est dans le XX⁰ qu'elles vont vendre leurs bas. La Bièvre se montre encore un peu ; par suite, on trouve encore quelques ouvriers du cuir. Mais, ils sont de moins en moins nombreux, et, dès la rue de Tolbiac, la Bièvre disparaît. Il faudrait aller hors Paris pour la retrouver. Tout le terrain compris entre cette rue et l'enceinte est en contrebas. Il sert à la décharge publique. Les propriétaires attirent à prix d'argent les entrepreneurs et les charretiers, espérant qu'un jour viendra où l'on pourra bâtir. Sans doute, les travaux du métropolitain vont aider à réaliser ce désir. Alors, de nouveaux habitants viendront s'établir où paissent, en ce moment, quelques maigres chevaux.

Dans cette région, rue Charles-Fourier, dominant la plaine de Gentilly et de Bicêtre, se dresse l'église Sainte-Anne, qui est le rendez-vous d'une importante colonie de Bretons. Au jour anniversaire de Sainte-Anne d'Auray, dans la seconde quinzaine de juillet, le sanctuaire est trop petit pour contenir les milliers de pèlerins qui s'y rendent de toute la région environnante, mais surtout des quartiers du XIII⁰ arrondissement. Les mar-

chands de vin vendent alors des bolées et de l'eau-de-
vie de cidre ; et, dans la foule qui circule, on peut
reconnaître toutes les coiffes et costumes des pays bretons, surtout parmi les femmes. Ces Bretons ne constituent pas des groupements apparents, comme les juifs
polonais des IVe et XVIIIe arrondissements, les Auvergnats du XIe, ou les Limousins des IVe et V^e; ils sont
cependant fort nombreux, certainement plusieurs milliers, dont une bonne part sont terrassiers dans les
chantiers de construction, ou employés dans les gares
d'Orléans et de l'Ouest. Les femmes, quand elles sont
mariées, s'occupent généralement de leur ménage, et
quelques-unes ne parlent pas français. Il est arrivé à
des médecins du bureau de bienfaisance, dans le quartier de la Gare, de recourir à l'aide des enfants pour se
faire comprendre des parents. Mais, il s'agit là d'exceptions qui deviennent, heureusement, de plus en plus
rares. Il convient de noter encore quelques débits, où
l'on parle breton ; on y danse, le dimanche, des rondes
du pays. Tous ces gens sont réputés comme honnêtes
et travailleurs. Quelques-uns sont chiffonniers ; d'autres,
ouvriers d'industrie. Parmi les femmes de vingt à trente
ans, un très grand nombre sont domestiques et ont été
placées dans tous les quartiers limitrophes par des maisons religieuses qui les avaient reçues et hébergées à
leur arrivée à Paris. Celles-là, se trouvent réunies à
l'heure de certains offices, célébrés à leur intention,
notamment à la paroisse Notre-Dame-des-Champs, dans
le VIe arrondissement. La présence d'une colonie bre-

tonne dans cette région s'explique par diverses raisons. D'abord, la pauvreté des pays de Basse-Bretagne que desservent les Compagnies des chemins de fer d'Orléans et de l'Ouest ; puis, le grand nombre de Bretons qui composent les régiments du génie de Versailles ; enfin, la foule des domestiques qui, depuis si longtemps, se placent en condition dans Paris, et appellent auprès d'elles tous leurs frères et connaissances.

Ces quelques mots jetés sur le XIIIe arrondissement peuvent servir à quelque chose. Ils sont un appel à qui voudra dire toutes les misères qui sont à soulager, et tous les remèdes possibles. Pour cela, il faut les auxiliaires du lieu. Il n'y a pas de doute qu'avec leur concours, on ne puisse faire œuvre utile. Car, dès maintenant, il est permis d'affirmer que les besoins de cette population sont spéciaux. Il faudrait disposer, pour y parer, de moyens appropriés ; d'ailleurs, il convient de discerner quels doivent être ces moyens. C'est une étude à faire.

Ce n'est pas d'un trottoir à l'autre de la rue de la Santé que l'on peut constater une différence dans la figure des habitants. Au contraire, cette rue tout entière semble frappée de misère, qu'il s'agisse du XIIIe, ou bien du XIVe arrondissement. Mais là s'arrête le rapprochement permis. Nous nous trouvons sur un territoire où l'on sent venir l'aisance. Au XIIIe, toutes les grandes avenues semblaient avoir pour centre la place d'Italie :

elles y faisaient étoile ; mais aucune d'elles ne pouvait servir de voie de pénétration dans la ville. Ici, l'arrondissement est comme sectionné par des voies parallèles qui le coupent diagonalement du sud au nord, et à leur extrémité deux grandes artères, le boulevard Saint-Michel et la rue de Rennes, aspirent la masse de la population, vers le centre de Paris. On revient le soir, après avoir pris sa part du mouvement économique des lieux d'affaires.

Les quartiers sont ainsi placés : Montparnasse, en bordure du VIe arrondissement, s'appuyant sur les boulevards Montparnasse et de Port-Royal, c'est-à-dire barant l'arrondissement à toute largeur, jusqu'au boulevard Saint-Jacques, à la rue Daguerre et à l'avenue du Maine ; puis, sur cette base, deux perpendiculaires formées par les rues de la Tombe-Issoire et des Plantes séparent la Santé. le Petit-Montrouge et Plaisance qui tous les trois s'étendent jusqu'aux fortifications.

Ainsi Montparnasse n'est pas excentrique ; il n'est pas pauvre, passe même pour aisé, et est habité comme le VIe arrondissement par une population bourgeoise de fonctionnaires et d'employés de commerce qui ne sont pas là trop loin de leurs affaires. Malgré la présence du cimetière, tout ce quartier a vu les maisons surgir de terre sans arrêt ; en sorte que, maintenant, il ne reste plus que peu de terrains à construire. Cependant, on compte seulement 28.000 habitants contre 57.000 à Plaisance qui n'a pas beaucoup plus d'étendue. C'est que les hôpitaux, hospices, maisons de retraite, couvents, la prison, l'Observatoire et le cimetière couvrent un espace considérable. Les pauvres se trouvent aux deux extrémités, rue du Faubourg Saint-Jacques et rue de la Gaîté ; puis, dans la partie comprise entre le cimetière et la rue Daguerre. Ils ne sont pas très nombreux.

Ils ne le sont pas davantage dans Petit-Montrouge qui passe, comme Montparnasse, pour un quartier de bonne aisance. On dit même qu'il y a des riches au bout de l'avenue d'Orléans, vers la rue Alphonse-Daudet. Il semble qu'il s'agisse plutôt de commerçants retirés des affaires, ou de retraités qui ont voulu jouir des avantages d'un quartier neuf, sain et tranquille. Tout près de là, autour de la rue du Commandeur, est situé tout un lot de maisons basses, orientées au hasard, composant une quinzaine de rues dont les habitants sont assez pauvres. Les professions qu'ils exercent sont imprécises. Beaucoup logent en garnis et demandent des secours assez souvent. L'autre foyer nécessiteux se trouve, non loin de la mairie, rue Daguerre et dans les petites rues qui avoisinent. On trouve là, notamment rue Gassendi, beaucoup de baraques en planches où de tout petits commerçants ont établi leurs étalages.

Le quartier de la Santé touche au XIIIe arrondissement dans une de ses parties les plus misérables. On y remarque de très nombreux chiffonniers rue de l'Amiral-Mouchez et rue de la Santé. Au numéro 66 de cette rue, ils sont une colonie, dernier reste de la « fosse aux lions » aujourd'hui démolie, dont le nom évoque le souvenir populaire d'une extrême détresse. Deux autres taches étendues sont situées entre le parc Montsouris et l'arrondissement voisin, et dans l'espace compris entre les réservoirs et la rue d'Alésia, non loin de cette rue du Commandeur dont il a déjà été parlé. Il ne faudrait pas cependant insister trop sur l'aspect nécessiteux du quartier. Une part du territoire est occupée par la Clinique des Aliénés, les dépendances du chemin de fer de Sceaux, le parc de Montsouris, les réservoirs et l'école de dressage de la Guerre. Beaucoup d'ouvriers du cuir, mégisseurs, polisseurs, chapeliers, aussi quelques charretiers habitent là et travaillent dans le XIIIe. Le parc offre aux familles bon air et séjour agréable. Déjà de belles constructions s'élèvent aux alentours ; et, s'il est téméraire de comparer l'attrait de ce beau jardin à celui du parc Monceau, cependant, on peut penser qu'il va se passer là même fait qu'au Luxembourg, où les maisons d'habitation n'ont pas cessé, depuis de longues années, de gagner en confort.

Plaisance est de beaucoup le quartier le plus peuplé ; c'est aussi le plus grand et le plus actif. On y sent un réveil de la vie économique. Malheureusement, c'est en même temps le plus pauvre. Les industries qu'on y exerce sont quelquefois de celles qui procurent de très faibles salaires. Les brocheuses, couturières, laveuses, femmes de journées, et pour les hommes, les garçons de peine et journaliers, font de fréquents appels aux secours publics. Pourtant, à côté d'eux, il y a de bons métiers. Tous ceux qui concourent à la confection du livre ou à l'imprimerie, les cochers des petites voitures, les agents des pompes funèbres, les ouvriers du bâtiment gagnent bien leur vie. On trouve aussi, non loin des fortifications, beaucoup d'agents des ateliers du Timbre et du Ministère des Postes, et près de la gare Montparnasse quelques employés du chemin de fer. Tout ce monde, sans être précisément au large, peut cependant faire face aux nécessités de l'existence. Les sociétés d'épargne font des recrues dans ce milieu ; la Société des Prévoyants de l'Avenir y compte de nombreux adhérents ; de grands magasins de nouveautés et de produits alimentaires semblent y faire de bonnes affaires. Plaisance n'est donc pas précisément un quartier pauvre ; mais le chômage, l'imprévoyance, la maladie et les charges de famille sont les causes occasionnelles ou permanentes qui font ici trop de nécessiteux. En outre, il est des lieux de vraie misère, notamment le long de la voie du chemin de fer, passage Léonidas et rue Julie. Enfin, pourquoi tant de garnis, où le logement est si mauvais et si cher ? Le prix du loyer dans les maisons d'habitation se paie par trimestre ou à demi-terme ; s'il était dû aux époques de distribution des salaires, peut-être l'ouvrier songerait-il à s'établir chez lui ; il y serait mieux, à meilleur compte et n'aurait plus besoin d'aller au dehors chercher un peu de bien-être.

En somme, l'impression qu'on a de cet arrondissement, après un premier examen, n'est pas décourageante. Il y a des ressources, qui proviennent pour partie de l'industrie locale et pour le reste de la proximité des grands centres d'activité qui sont les maisons d'édition, de confection et les grandes administrations publiques et privées. Les moyens de transports bien réglés et les voies directes aident à ce mouvement de pénétration qui profite à la région. Parmi les pauvres dont le nombre tend à décroître, on constate que les nécessiteux d'occasion résident plutôt à Plaisance et que les vieillards et infirmes logent surtout aux abords des fortifications et dans les quartiers de la Santé et du Petit-Montrouge. Il semble qu'on obtiendrait facilement le concours de nombreux auxiliaires bénévoles pour l'administration des secours, si l'on voulait.

*
* *

Beaucoup de Parisiens, certainement, ne connaissent pas le XVe arrondissement. A peine l'ont-ils entrevu du haut de la tour Eiffel, ou du pont des bateaux, ou des fenêtres des wagons qui partent de Montparnasse. Cependant, c'est un des plus importants de Paris, au triple point de vue de l'étendue, de l'industrie et du chiffre de la population. C'est un carré gigantesque, solide sur ses bases, qui donne une réelle impression de force. Ce qui fait qu'on l'ignore, c'est qu'il se trouve pour ainsi dire séparé de Paris par les vastes terrains du Champ-de-Mars et par les prolongements des casernes de l'Ecole Militaire. Mais, depuis la démolition récente des abattoirs de Grenelle, il a pris un contact étendu avec la ville, de l'avenue de Saxe jusqu'à la place de

Rennes ; et, dans cet espace, surtout par les rues de Sèvres et de Vaugirard, il dirige chaque jour vers le centre une part très importante de ses habitants. L'exode est facilité, comme au XIVe, par des voies parallèles qui le coupent en diagonale et aboutissent à la rue de Rennes.

Les quartiers sont situés, deux à deux, sur chacun des côtés du carré ; ils ont à peu près la même étendue et leur population est comparable en nombre, sauf pour Javel qui est moitié moins peuplé que Neckèr, le plus important des quatre, à ce point de vue.

Necker touche au VIe arrondissement par le boulevard de Montparnasse et son contact avec le centre vient de s'étendre, puisqu'on élève des maisons à toute hauteur, sur les terrains laissés libres par la disparition de l'abattoir. Ses habitants sont de petits bourgeois, employés de commerce ou d'administrations qui n'ont pu trouver logement dans Notre-Dame des Champs, à cause de la cherté des loyers. Plus on s'éloigne par la rue Lecourbe, la rue Blomet ou la rue de Vaugirard, plus les loyers baissent de prix. Il n'y a dans cette région ni industrie locale, ni commerce spécial ; ceux qui demeurent sont là en famille et vivent des ressources qu'ils se sont faites ailleurs. Ces caractères d'habitation et d'intimité de famille pourraient encore être précisés par la présence du lycée Buffon, dont les classes sont de plus en plus fréquentées, et par les discrets appartements des rues de Staël et Ernest-Renan où, dit on, nos magistrats et fonctionnaires trouvent sécurité et bon marché

relatif pour établir leurs compagnes de la main gauche.
Le seul point où l'on note la présence d'industries est
au boulevard de Vaugirard et rue des Fourneaux. On
y construit des pompes, des appareils à gaz ; on y fond
des caractères d'imprimerie, et de grands éditeurs y ont
établi leurs ateliers de brochage. Mais les ouvriers et
ouvrières logent ailleurs. Il y a peu de pauvres, et, sans
doute, il y en aura de moins en moins, à mesure que le
temps passera. Cependant, il en existe encore dans les
maisons basses, élevées d'un rez-de-chaussée et d'un
étage, qui sont situées à l'écart des grandes voies, et
dans les hôtels, qui, sans être aussi nombreux qu'à
Grenelle servent pourtant d'abri à plus de 3.000 personnes. Parmi elles, on peut reconnaître quelques journaliers du bâtiment, qui vont se louer « au coin » sur le
boulevard, près l'impasse l'Astrolabe, quand l'envie leur
prend de trouver du travail, et quelques professionnels de
la mendicité, dont le terrain d'opérations est aux abords
des églises et chapelles du VIᵉ arrondissement. Enfin, il
n'est pas possible d'abandonner ce quartier sans avoir
constaté la présence de tous ces établissements aux
longs murs, hôpitaux, hospices, institutions, maisons
de santé et couvents qui contribuent au calme sourd des
rues. L'animation s'éveille seulement aux heures de
départ pour le travail et à celles du retour. A ce moment,
la foule se presse, comme sur nos promenades, aux
jours de fêtes.

Cette foule se disperse dans Necker, ou va plus loin
dans Saint-Lambert. Là encore, l'habitation est le carac-

tère dominant ; mais l'aisance est moins large. On trouve beaucoup de familles autrefois opulentes qui sont allées cacher au bout de Vaugirard, si loin qu'on n'y va pas, les débris de leur luxe passé. Elles demandent peu de secours ; peut-être, parce qu'elles n'osent pas ; peut-être aussi, parce qu'ayant souvent le fardeau d'un nom à porter, elles ont trouvé assistance auprès des associations catholiques très nombreuses dans le quartier. Bien qu'on soit plus loin du centre, le prix des denrées s'élève au lieu de baisser. Le contraire semblerait naturel. Cela doit tenir aux crédits que doivent faire les marchands à leur clientèle besogneuse ; car les mêmes choses se trouvent à bon compte sur les marchés en plein vent de la rue de la Convention, où l'on paie comptant. Les ménagères qu'on y rencontre n'ont pas des allures de bourgeoises. C'est que la population ouvrière est assez importante. Elle provient du voisinage de l'usine à gaz, du dépôt des omnibus, des remises des loueurs de voitures, des ateliers de charpente, des chantiers de travaux publics, où les charretiers, tailleurs de pierres et maçons se réunissent pour le travail, du nouvel abattoir de Vaugirard, enfin de la grosse colonie de chiffonniers, dont le point central est au boulevard Chauvelot. Une bonne part du territoire de Saint-Lambert, qui est sensiblement plus vaste que celui de ses voisins, était occupé autrefois par des maraîchers. Il en existe encore. Ils produisent pour les Halles, où se vendent leurs légumes et leurs fruits. Mais peu à peu leurs terrains se couvrent de maisons. On peut prévoir le moment où ils ne seront plus qu'un souvenir. Les officiers des casernes ont eu vite fait de découvrir les ressources qui s'offrent en logement ; tous ceux qui n'ont pu s'installer au Gros-Caillou sont ici. A côté d'eux, quelques artistes, des sculpteurs surtout, se sont fait construire d'élégantes villas.

A Grenelle et à Javel, les rues ne sont pas orientées comme à Necker ou à Saint-Lambert. Les rues partent des fortifications et se dirigent vers le Champ-de-Mars, c'est-à-dire vers le désert ; les autres coupent les premières à angles droits. Pour aller là, il faut ou bien franchir une solitude, ou bien faire un grand tour par le boulevard Garibaldi. Il s'agit donc d'une région très isolée du reste de Paris. Les grands industriels ont pensé qu'ils y seraient tranquilles ; ils s'y sont établis. D'ailleurs, certains noms de rues sont ici comme des enseignes ; par exemple, la rue des Entrepreneurs, ou la rue des Usines. Les établissements Cail, d'universelle mémoire, sont partis et les terrains abandonnés s'offrent à la construction. Mais, il existe encore d'importantes maisons, où trouve emploi une très nombreuse population ouvrière : aux Aciéries de France, aux forges et laminoirs, aux usines où l'on fabrique de la glace, des parquets de fer, le matériel des chemins de fer et les énormes dynamos pour machines électriques (1). Comme on voit, l'industrie de Grenelle rappelle un peu celle du

---

1. Les Aciéries de France ont remplacé depuis peu leur usine de Grenelle par une autre de moindre importance qui se trouve à Javel.

XIe arrondissement ; les maisons sont moins nombreuses, mais elles occupent relativement beaucoup plus d'ouvriers. Sur les quais, les débardeurs et terrassiers ont largement de quoi occuper leurs bras. Ils concourent au déchargement et au transport du charbon pour les usines, sur le quai de Grenelle, et des matériaux de construction, sables et pierres meulières, sur le quai de Javel. Ces débardeurs gagnent bien leur vie. Ils se font parfois dix et quinze francs par jour ; mais, ils dépensent tout leur salaire dans les bars et couchent dans d'affreux hôtels à la corde, où la police fait de fréquentes descentes quand elle recherche des malfaiteurs. S'il survient une crue de la Seine, ces gens, qui n'ont point eu de prévoyance, demandent de l'aide. Il semble qu'ils pourraient éviter cette humiliante extrémité, s'ils voulaient.

Javel, à la suite de Grenelle, contient encore de grands établissements. On y fabrique des produits chimiques et des objets de caoutchouc. On y façonne, chez les modeleurs-mécaniciens, les modèles en bois qui doivent servir aux métallurgistes pour leurs pièces d'acier ou de fonte. Il y a des moulins à farine et des magasins généraux. Comme à Saint-Lambert, on rencontre des entrepreneurs de travaux publics, des chantiers de tailleurs de pierres et du petit camionnage. Les charretiers des tombereaux sont payés au collier, c'est-à-dire suivant le nombre de chevaux qu'ils conduisent. Ceux qui n'ont qu'un cheval reçoivent fort peu ; ce sont souvent de simples journaliers, car ils n'ont pas besoin de faire preuve de connaissances professionnelles. Au contraire, ceux qui en dirigent plusieurs, sont des conducteurs habiles qui font payer leur expérience. Mais ce n'est pas ici qu'on les trouve ; ils sont habituellement à la Villette, sur les bords du canal. Toute une partie de Javel est profondément misérable. Nous voulons parler de l' « île aux Singes » et des rue, passage et impasse Vignon. L' « île aux Singes » est le nom populaire donné à la région comprise entre la rue de Javel et la rue Cauchy. Elle a sa base à la Seine et est inondée chaque hiver. Les constructions légères qui s'y trouvent sont habitées par des chiffonniers, qui ont là des terrains d'étalage pour leurs papiers, leurs chiffons et leurs ossements. A côté d'eux, logent quelques ouvriers et beaucoup de journaliers qui d'habitude ne travaillent pas, mais qui s'entendent à profiter des libéralités auxquelles s'exercent très candidement, mais aussi très fâcheusement, les belles dames des quartiers riches du XVIᵉ arrondissement. Elles n'ont qu'à passer l'eau pour satisfaire leurs désirs de charité. D'ailleurs les chiffonniers d'ici sont assez accueillants. Il n'en est pas de même, passage Vignon. Là se trouve réunie la plus affreuse population qui se puisse voir. L'ordure s'y accumule en tas énormes, depuis des dizaines d'années, et la menace d'épidémies serait certaine si les vastes terrains des alentours n'apportaient comme remède un souffle d'air bienfaisant.

De cette course au travers du XVᵉ, nous rapportons la conviction qu'il s'agit d'un arrondissement de travail. Travail surtout d'employés à Necker et à Saint-Lambert, travail surtout d'ouvriers dans Grenelle et dans Javel. Les pauvres se trouvent tout le long des rues de Croix-Nivert et de Vaugirard dans les vieilles maisons, et plus spécialement à Necker, autour du théâtre et rue Blomet ; à Saint-Lambert, sur le plateau de Villafranca, c'est-à-dire au boulevard Chauvelot ; à Grenelle, près du boulevard du même nom ; et, à Javel, dans l'île aux Singes. Il y a plus d'indigents d'habitude dans les deux premiers quartiers et plus de nécessiteux d'occasion dans les deux autres. Quant à l'avenir, il est plein de promesses. Un jour viendra où le Champ-de-Mars sera transformé en beaux jardins ; en même temps, les casernes du boulevard de Grenelle disparaîtront et de belles constructions s'élèveront pour jouir des arbres et des fleurs prochaines. Derrière elles, nos grands industriels continueront leurs efforts, d'où il naît des prodiges.

*
* *

Au contraire du XVe, tout le monde connaît le XVIe arrondissement. On passe par là pour aller au Bois de Boulogne, à la Muette, aux courses d'Auteuil ou de Longchamp, au Point-du-Jour, à Boulogne ou à Saint-Cloud. Son territoire s'étend tout le long de la Seine, depuis le viaduc, à la sortie de Paris, jusqu'au pont de l'Alma, en passant par le Trocadéro. L'avenue de la Grande-Armée fait l'autre de ses frontières, avec l'Arc-de-Triomphe comme point de repère. Comme on voit, il y a des monuments qui sont en bonne place, pour frapper le regard et fixer les idées.

C'est un séjour de riches. De très riches à Chaillot, à la Porte Dauphine et à la Muette ; de riches à Passy et à Auteuil ; de petites bourses au Point-du-Jour. Les quartiers sont disposés au contraire du cours de l'eau : Auteuil, puis La Muette, Chaillot ; et, en retrait, dans l'angle formé par l'avenue Henri-Martin et l'avenue Malakoff, la Porte Dauphine.

Auteuil est au bout de ce long territoire. Le chemin de fer lui sert réellement de ceinture, de la rue de l'Assomption à la rue Molitor ; là, brusquement, comme s'il craignait de se perdre, il tourne à gauche et coupe en deux le lieu qu'on appelle Point-du-Jour. A cet endroit, nous l'avons dit, se trouvent les petites bourses. Il suffit de deux sous pour traverser Paris en bateau, et le Point-du-Jour est un des terminus de la ligne. Les terrains n'ont pas encore pris trop de valeur. Il y a des loyers de bas prix qui ont trouvé des amateurs ; ce sont les pilotes, conducteurs et mécaniciens des bateaux et omnibus, des employés dont les bureaux sont près de la Seine, des gardiens de la paix, des préposés de l'octroi, de petits employés de commerce ou de banques et quelques journaliers de la voie publique. On remarque aussi quelques commis du chemin de fer, qui, ayant leur parcours sur la ligne, peuvent profiter des ressources qui existent en logement. Dans ce milieu, l'œuvre des habitations ouvrières de Passy-Auteuil a recruté ses locataires et ses propriétaires. Naturellement, quelques mauvais hôtels paraissent. Il en est ainsi, toutes les fois que l'élément ouvrier s'affirme au voisinage.

Pour le reste d'Auteuil, la population est tout à fait bourgeoise ; elle a tenté de réunir ensemble ces deux avantages : le séjour de la ville et la villégiature. A la vérité, il en est tant qui le veulent, que déjà les maisons à six étages menacent les villas. Cependant, il en existe encore ; mais non plus comme au temps de Boileau, de Molière et de La Fontaine qui ont donné leurs noms aux rues, parce qu'ils composaient autrefois leurs chefs-d'œuvre dans cette campagne. Aujourd'hui, il y a là près de 25.000 âmes. Malgré cela, c'est encore de tous les quartiers déjà vus celui qui compte le moins d'habitants à l'hectare, après Bercy, à l'autre bout du fleuve.

Passy, le vieux Passy, est à cheval sur les deux quartiers d'Auteuil et de la Muette. Il était autrefois de tradition, dans la ville parmi les commerçants, bouchers, charcutiers, boulangers, épiciers, crémiers, tapissiers, coiffeurs de se retirer là après fortune faite. C'est bien ainsi que les choses se passent encore de nos jours. Elles sont nombreuses les familles dont l'avoir peut varier entre 20.000 et 30.000 francs de revenus, gagnés dans les affaires. Ces gens vivent simplement, dans un confort solide ; ils n'aiment pas le plaisir, l'ennemi de toute leur vie ; ils n'ont d'aspirations intellectuelles que pour leurs fils dont les études, sous l'œil de leurs parents et grands-parents, se poursuivent à Janson de Sailly, après avoir commencé à Jean-Baptiste Say. Mais voici que vers sept heures un train s'arrête en gare de Passy. En un instant la place est noire de monde. Ce sont de beaux messieurs qui reviennent au logis, après un jour passé à la Bourse, à leur caisse, à leur bureau. à leur atelier ou à leur théâtre. Ils ont pris le train à Saint-Lazare, çe qui veut dire que leurs occupations professionnelles sont au IXe au Ier et au IIe arrondissements. Ils ont plus de désirs de luxe que leurs voisins, les vieux rentiers ; mais ils savent où sont les bons endroits et ne s'attardent pas pour y satisfaire, au lieu qu'ils ont choisi pour les joies de famille. Enfin, il existe dans la Grand'Rue de Passy et aux environs. quelques familles qui se sont formées là et s'y sont développées. Ce sont proprement des indigènes, qui ont, en fait, le monopole du commerce local. D'ailleurs, la même remarque aurait pu être faite à Plaisance, à Vaugirard et généralement dans tous les territoires des anciennes communes annexées.

Les pauvres ne sont pas nombreux. On rencontre quelques vieillards indigents à Passy et quelques valides nécessiteux au Point-du-Jour. Les abords de l'usine à gaz, près le pont de Grenelle ; la rue Beethoven, près le pont de Passy ; et quelques coins le long de la rue de l'Assomption, sont aussi à noter à ce point de vue. Les demandes de secours sont sensiblement plus fréquentes en été ; car, au moment de la bonne saison, les familles aisées se retirent à la campagne, causant ainsi le chômage de beaucoup de ménagères et journaliers. En même temps un arrêt se produit dans l'exercice de la charité qui, pendant les mois d'hiver, se manisfeste sous toutes les formes. Nombreuses sont les dames qui, n'ayant pas d'occupation véritable, consacrent une part de leur temps aux bonnes œuvres. Elles agissent sur place et dans le

XVe. Il est possible que leur argent ait pour effet d'attirer des malheureux qui sans cela seraient ailleurs. Ce qui est sûr, c'est que l'absence qu'elles font tous les ans se fait durement sentir et qu'il y a pour l'assistance publique obligation d'y parer.

Tout le reste de l'arrondissement est occupé par une population riche ou très riche. C'est peut-être dans cette région que se trouvent le plus de chevaux de maîtres qui appartiennent ou bien aux vieilles familles autrefois fixées dans le faubourg Saint-Germain et qui ont émigré, ou bien aux opulents propriétaires des comptoirs du luxe et de la banque, ou bien encore aux étrangers de marque, notamment aux Anglais et Américains qui sont venus demeurer à Paris. Ils ont à leur service un nombreux personnel de gens de maison, cochers, valets de chambre, cuisiniers, jardiniers et leurs femmes ou parents qui s'occupent à la cuisine, à la lingerie ou à la garde des enfants. Il n'y a pas de commerce local, à moins qu'on ne veuille considérer comme tel les maisons de comestibles, de blanchissage de fin, les horticulteurs dont la clientèle exclusive est faite des hôtels du voisinage et les maisons de santé qui prennent des pensionnaires. Le seul point qui fasse tache dans ce séjour de riches, c'est, à deux pas de l'avenue Marceau, la rue de Chaillot où se trouvent encore quelques vieilles maisons qui sont marquées pour une démolition prochaine.

*
* *

Le territoire du XVIIe arrondissement comprend successivement, le long du mur d'enceinte, les Ternes, la Plaine Monceau, les Batignolles et les Epinettes, quatre quartiers qui se différencient profondément les uns des autres.

Les Ternes sont dans le prolongement des VIIIe et XVIe arrondissements. Comme ses voisins, ce quartier est habité par une population à gros et très gros revenus ; les hôtels particuliers y sont nombreux ; et, aux environs de la place de l'Etoile, on remarque, comme dans le VIIIe et dans le XVIe, une importante colonie étrangère composée surtout d'Anglais et d'Américains. Il y a peu de commerce ; mais, ce qui frappe les yeux, c'est la suite presque ininterrompue de maisons qui font et qui vendent des bicyclettes, des automobiles et des voitures de luxe. Si l'on y ajoute les établissements où l'on fabrique les coffres-forts, la serrurerie d'art, quelques fonderies de statues et les constructeurs de machines électriques, cela donne à la région un caractère industriel qui ne peut échapper. A vrai dire les objets que l'on produit ici sont tous d'un prix élevé, probablement très supérieur au prix de revient, en sorte que le constructeur peut supporter la charge très lourde d'un établissement dans ce séjour de riches. Il est probable, quand les prix du commerce auront baissé, que toute cette industrie sera forcée d'émigrer, sans doute, vers la porte de Vincennes, à l'autre extrémité du métropolitain, et à proximité du centre industriel par excellence, le XIe arrondissement. Ceux qui demandent sont l'exception, les industries dont nous parlons ici étant de celles qui paient bien leurs ouvriers. La plupart, d'ailleurs, ont leur demeure hors des murs, à Levallois. Cependant, il existe quelques pauvres, notamment à la villa Saint-Joseph, près de la porte Maillot et rue Guillaume-Tell, pas très loin de la place Péreire. Ce sont quelques vieillards et aussi quelques malheureux vivant de petits métiers, camelots, ouvreurs de portières, marchands de coco, qui trouvent une clientèle dans la foule des promeneurs du Bois de Boulogne.

La plaine Monceau est essentiellement un lieu d'habitation, comme les Ternes d'ailleurs, car l'ancienne population de petite bourgeoisie a complètement disparu. Elle a laissé la place aux ingénieurs, financiers, gens de lettres et artistes qui habitent tous ces immeubles d'un luxe neuf, édifiés en fantaisie, quand il s'agit d'hôtels particuliers ; ou, sur les plans d'architectes à la mode, quand les maisons sont du domaine d'une société immobilière. On ne voit partout que pierres blanches, glaces transparentes, balcons et fers forgés, aux formes variées. Le nom même des rues est ici symptomatique ; c'est un souvenir donné à Meissonnier, à de Neuville, à Puvis de Chavannes, à Gustave Doré, à Gounod et à tant d'autres qui ont jeté dans le monde le goût français. Il n'est pas de quartier, enfin, qui contienne autant de belles places : place Pereire, place Wagram, place Malesherbes, à deux pas du parc Monceau. Naturellement toutes ces maisons sont trop récentes pour que la misère puisse s'y loger ; ici, elle fait presque totalement défaut.

Il n'en est pas de même aux Batignolles qui est une ancienne commune. Il y a bien quelques rues neuves, mais l'ensemble est étroit et sent le vieux. L'aspect général de la population a tout à fait changé. Les gens que nous voyons maintenant sont de petits bourgeois, tenant boutique ou vivant de leur emploi dans Paris. Beaucoup de femmes sont ouvrières, modistes ou couturières, travaillant chez elles ou dans les grands ateliers du centre. Enfin, une part notable de la population se compose de petits rentiers, qui se sont assuré une retraite sur les produits de leur commerce, ou bien jouissent d'une pension modeste de l'État ou d'une grande administration. Tous ces traits rappellent un peu Passy. Mais l'aisance est moins large, on sent même qu'elle peut manquer. Au lieu de pavillons fleuris, ce sont d'étroits logements. Les maisons sont hautes, les rues peu larges, le petit commerce étendu, la population dense ou très-dense. Il semble que beaucoup de gens se connaissent entre eux, parfois depuis longtemps, car on ne quitte pas les Batignolles. C'est dans la maison des parents, ou à proximité, que les enfants s'installent. Il y a un passé, des souvenirs ; c'est une ville à part.

Aux Batignolles plus de 6.000 personnes logent à l'hôtel, soit plus du neuvième de la population totale ; il faudrait aller à la Sorbonne pour rencontrer une proportion plus élevée ; il est vrai que là, elle l'est du double. La clientèle de ces garnis est très variée. Elle se compose d'ouvriers appartenant aux industries du bâtiment et des transports, d'employés de commerce ou de banque et aussi de femmes seules qui ne sont pas trop loin des lieux où l'on s'amuse. Mais tout ce monde trouble peu le calme du quartier ; il n'est là que pour dormir ; c'est ailleurs qu'il s'agite.

Ceux qu'il faut aider sont assez nombreux. Pour la plupart ce sont des vieux qui reçoivent un secours mensuel du bureau de bienfaisance ; leur situation est connue, définie ; ils ont des voisins qui leur portent intérêt ; ils ne sont pas tout à fait isolés. Les nécessiteux d'occasion sont relativement plus rares. On en rencontre cependant quelques-uns dans les lieux où se trouvent le plus d'indigents, passage Cardinet, rue de la Félicité, rue Dulong, rue de Lévis, rue Salneuve, rue Saussure.

Deux parts sont à faire dans le quartier des Epinettes : l'une qui se trouve sur le côté antérieur de la butte Montmartre et qui touche aux Batignolles ; l'autre qui est enfermée entre la butte et la gare des marchandises de la Compagnie de l'Ouest. La première est une suite des Batignolles avec plus de commerce, plus de mouvement, plus de circulation, surtout dans l'avenue de Clichy ; la seconde est une région essentiellement ouvrière. Cette gare des marchandises est considérable ; elle occupe en superficie plus du tiers des Batignolles, et son personnel est énorme. Il y a obligation pour beau-

coup de loger tout près ; la durée du service est de dix
heures, le travail de jour alternant, toutes les semaines,
avec le travail de nuit. Quelques-uns logent en banlieue. mais une bonne part sont aux Epinettes. Ils ont
un très grand nombre d'enfants et comme les salaires
sont modestes, ils ont parfois besoin de secours. A côté
d'eux, vivent les cochers des petites voitures, les
employés de la Compagnie des Omnibus, les ouvriers de
l'usine Gouin où l'on construit du matériel de chemins
de fer, leurs camarades de l'industrie métallurgique des
Ternes, qui ont dû venir jusqu'ici pour trouver loyers
à leurs prix, enfin des maçons, couvreurs, peintres et
généralement ceux qui appartiennent à l'industrie du
bâtiment. Ce sont eux qui ont édifié depuis trente ans
les maisons neuves des Ternes, de la plaine Monceau,
d'une partie des Batignolles et qui maintenant font la
même chose à Montmartre. Toute cette population vit
de son travail ; parfois elle est au large ; mais il y a des
coins de misère noire. La cité du Nord, par exemple,
non loin de la rue Boulay, est formée de constructions
en planches où logent en commun, à la nuit, une colonie de nomades, marchands ambulants, journaliers sans
profession définie, qui rappellent un peu les figures
déjà vues de la cité Jeanne d'Arc. D'autres foyers aussi
sont à noter, l'impasse des Epinettes, l'impasse des
Fleurs, l'impasse Saint-Ange, le passage du Grand-Cerf.
Relativement, il y a beaucoup moins de vieillards qu'aux
Batignolles. Les appels aux secours publics ont pour origine les charges de famille, le chômage, la maladie, le

défaut de prévoyance, ou la paresse et le vice, dans l'îlot traversé par le passage Saint-Ange.

Ainsi, pour l'arrondissement, se trouvent localisés des types d'habitants qu'on est surpris de rencontrer si près les uns des autres : le gros industriel, le riche propriétaire, le petit rentier, le modeste employé, l'ouvrier et le journalier loqueteux. Ils n'habitent pas les mêmes régions, ils ne se pénètrent pas et n'ont entre eux aucun rapport. Il serait donc inutile de tenter une œuvre de patronage, il n'est pas possible de charger d'une visite aux Epinettes un habitant des Ternes. Il semble que les méthodes à employer pour l'administration des secours devraient varier dans chaque quartier, puisqu'on ne peut pas compter sur les mêmes concours et que les besoins sont différents.

Le XVIIIe arrondissement, c'est Montmartre, le lieu où, de partout, on va au Sacré-Cœur, en pèlerinage : au cimetière, pour honorer ses morts ; au plaisir, pour goûter le réalisme de la dernière chanson ou du dernier pas de danse. La population est à la fois la plus forte en nombre et la plus serrée, en des rues étroites qui se coupent en tous sens. Sur certains points, les habitants sont 700 à l'hectare, proportion supérieure à celle du centre de Paris, et le territoire est immense. Les quartiers sont disposés en tranches parallèles allant de l'enceinte aux boulevards : les Grandes-Carrières, le plus vaste ; Clignancourt, le plus peuplé ; la Goutte d'Or, où il n'existe pas une grande voie ; et la Chapelle, localisée entre les deux gares du Nord et de l'Est. A la vérité, ces divisions ne sont pas très rationnelles ; le fait physique qui s'impose c'est la butte, avec son versant antérieur, d'où l'on domine Paris avec faculté d'y descendre, son versant banlieue qui est loin de la ville, et la plaine, où les chemins de fer et les entreprises de transports ont trouvé place où s'établir.

Les Grandes-Carrières ont des aspects bien différents suivant la région. De la station Ornano à la porte Saint-Ouen, entre l'enceinte et le chemin de fer, est réunie une tribu de chiffonniers, de marchands ambulants et colporteurs qui est misérable au delà de toute expression ; au numéro 115 du boulevard Ney, existe un affreux hôtel où l'on reçoit des nomades qui logent à la nuit, en chambrée. En bordure de l'avenue de Saint-Ouen, dans tous les passages, cours, impasses et villas qui avoisinent la rue Championnet, on retrouve la population d'employés et d'ouvriers qui peuple les Epinettes. Dans le voisinage du cimetière, c'est le même monde qu'aux Batignolles. Au boulevard de Clichy, après quelques entreprises de sépultures et marchands de couronnes, apparaît ce groupement spécial à Montmartre de gens de lettres, artistes, musiciens, amateurs d'art et cabotins qui sont attirés là par tous les bals, concerts, cabarets littéraires qui font concours toujours ouvert à l'excentrique ou à l'original et parfois obtiennent quelque succès. Puis, sur la butte, les dames hospitalières de la rue Lepic, les petites couturières et modistes, les ama-

teurs de plein air qui jouissent d'un panorama évidemment impressionnant. D'ailleurs, de grandes et belles
maisons se dressent maintenant sur les pentes, du côté
de Paris ; c'est à peine si de loin en loin on peut noter
l'existence d'un jardin. Sur l'autre versant, il reste
encore quelques terrains non construits, mais on peut
dire que dès maintenant la place est prise par une foule
d'employés et gagne-petits qui espèrent trouver là
loyers moins lourds qu'ailleurs. Il y a des pauvres un
peu partout. Les inscrits, c'est-à-dire ceux qui reçoivent des secours mensuels sont très nombreux dans le
quartier ; aussi, les nécessiteux d'occasion. Cependant
on peut indiquer, comme des centres particulièrement
désignés d'indigence, la villa Championnet, l'impasse
des Grandes-Carrières, et toutes les petites rues entre la
butte et les fortifications.

Clignancourt est le quartier de Paris qui compte le plus
d'habitants. Ils sont 100.000, c'est-à-dire qu'ils dépas-
sent en nombre le chiffre d'un arrondissement moyen,
Le boulevard Barbès, les rues de Clignancourt et Rancy
sont les voies directes, menant à la ville, la grande
masse des résidants qui travaillent dans le centre.

Ceux qui connaissent le quartier assurent qu'une dis-
tinction est à faire entre le nord et le sud de la rue
Ordener. Au nord, entre les vastes ateliers des Petites
Voitures, des Omnibus et de la Compagnie du Nord,
réside une population compacte d'employés de chemin
de fer et d'ouvriers qui travaillent le fer et le bois pour
construction et la mise en état des voitures. A côté

d'eux, les chiffonniers sont nombreux ; ils sont là, parce qu'il existe des terrains vagues, dont les plus nàvrants, aux environs de la rue Letort, sont occupés par les roulottes des bohémiens qui, la plupart, ne parlent pas français. Cet endroit est particulièrement surveillé par la police ; elle y fait parfois de bonnes prises ; car certains hôtels sont un refuge connu pour recéleurs et malfaiteurs en rupture de ban. Les clients du bureau de bienfaisance sont en nombre dans toute la région : rue du Poteau, impasse du Mont-Viso, passage du Mont-Cenis, rue du Roi-d'Alger, passage des Poissonniers. C'est la partie la plus triste du quartier. Au sud de la rue Ordener, la misère est beaucoup moins noire. Il existe encore quelques terrains, mais ce sont d'anciens jardins, bien clos de murs, avec de beaux arbres qui n'ont plus beaucoup à vivre, car on va bàtir. Toutes les maisons qui sont autour ont pour locataires des employés qui sans être au large vivent pourtant de leurs emplois. Quelques-uns ont des loyers de 1.500 à 2.000 francs ; le reste, c'est-à-dire la très grosse majorité habite de petits logements. Mais ce ne sont pas des malheureux. A droite de la mairie, rues Marcadet, Senart et Eugène-Sue, dans les bâtiments de la Société « La Foncière » sont recueillis plusieurs milliers de Roumains et de juifs de la Russie méridionale, qui tous sont tailleurs et faiseurs de casquettes. Ils ont des marchands et restaurants à eux ; ils ne parlent pas français, ont un très grand nombre d'enfants et généralement sont malheureux. Ils demandent souvent. On hésite à leur donner, car on sait qu'ils sont aidés déjà par les œuvres de bienfaisance israélites. Un peu plus loin, les magasins Dufayel attirent la clientèle de ceux qui, dans Paris, achètent à tempérament. Tout autour, s'est développé un commerce actif de meubles, vêtements, bijouterie qui concurrence Dufayel, dans des boutiques grandes et petites aux vitrines engageantes. Sur la butte, l'église du Sacré-Cœur a fait naître une foire permanente d'images et objets religieux dont les profits sont prélevés sur les milliers de fidèles venant des paroisses de Paris. Toutes les pentes sont habitées comme dans le quartier voisin ; mais il y a moins de maisons neuves qu'aux Grandes-Carrières et peut-être aussi moins de vie galante.

Dans son ensemble, Clignancourt n'est pas misérable. Il n'y a pas de riches, presque pas d'industrie locale. C'est un lieu d'habitation, offrant des points de groupement très curieux qui peuvent être exactement localisés. Il semble qu'une entente avec certaines œuvres privées et les fonctionnaires de la Préfecture de Police serait ici désirable et possible.

Le territoire de la Goutte-d'Or est occupé pour plus de moitié par les ateliers et la gare aux marchandises de la Compagnie du Nord ; pour le reste, la densité de la population est très forte. Dans cet espace, qui est grand comme le quart de Clignancourt, bien des points sollicitent à la fois l'attention. Ce sont les hôtels de la rue de la Charbonnière, des rues Caplat et des Islettes qui sont autant de refuges de déclassés, épaves des gares d'arrivée du Nord et de l'Est, suspects au premier chef et surveillés de près par une police toujours inquiète. Ce sont les brocanteurs de la rue Myrha épars au milieu des petits boutiquiers, dont les étalages se pressent au hasard les uns auprès des autres : crémiers, marchands de vins, blanchisseurs, épiciers, coiffeurs, charbonniers, boulangers, tous ceux en un mot qui composent le petit commerce. C'est au passage Doudeauville, une agglomération de journaliers dont les ressources doivent être bien incertaines, puisqu'il y a là clientèle pour une boucherie hippophagique. Et pour l'ensemble du quartier, c'est une population d'employés et ouvriers du chemin de fer, d'écrivains à la tâche qui font des bandes chez Dufayel, de garçons de course et de recouvrement, de livreurs, hommes de peine, tous gens de petits emplois, dont quelques-uns malheureusement n'échappent pas au chômage. La Goutte-d'Or est très chargée d'indigents et de nécessiteux : ils sont à peu près partout : passage Doudeauville, rue de la Goutte-d'Or, rue Ernestine, rue Jean-Robert, rue de la Charbonnière, rue de Chartres. Peut-être ce quartier, sauf pour les employés de chemin de fer, a-t-il pour caractéristique l'imprécision et l'instabilité des éléments variés qui le composent. Il doit être très difficile d'y faire œuvre utile.

La Chapelle est un ancien village. Les rues du Curé, de l'Evangile, de la Chapelle, des Roses portent bien les noms que l'on retrouve dans presque toutes les communes rurales. Le quartier est enfermé entre les immenses dépendances des lignes du Nord et de l'Est, le raccordement de la Ceinture et l'usine à gaz. Il n'est pas isolé cependant, car de très belles voies assurent les communications avec les boulevards. Sur ce terrain sans accident, les entrepreneurs de camionnage ont pu loger leur matériel ; ils ont pour clients tout le commerce parisien et notamment les grands magasins de nouveautés. En même temps tous ceux qui font le commerce du charbon semblent s'être donné rendez-vous aux abords de la gare du Nord, ainsi que les loueurs de petites voitures dont quelques-uns déjà s'étaient établis dans la Goutte-d'Or. On se rend compte par ces quelques mots du caractère de la population qui est ici. D'abord, des employés et ouvriers des Compagnies du Nord et de l'Est ; puis, des charretiers, cochers, livreurs ; puis, des ouvriers du gaz et dans les grandes rues, quelques hôtels pour voyageurs et quelques employés plus aisés de commerce ou d'industrie. Ce qu'on ne voit pas au premier regard, ce sont tous les petits rentiers qui sont de la Chapelle depuis leur naissance et qui veulent y finir leurs jours. Tout ce monde demande peu. Le seul endroit, qui peut être noté comme foyer indigent, est à l'impasse Peney où se trouvent réunis quelques centaines de journaliers, marchands ambulants et colporteurs. Partout ailleurs les malheureux sont assez uniformément répartis ; ils sont un peu plus nombreux rue Philippe-de-Girard où logent quelques ouvriers de la raffinerie Lebaudy, impasse Dupuy, impasse Molin, rues de Torcy et des Roses. Il y a relativement plus de vieillards que de valides nécessiteux. C'était le contraire à **la Goutte-d'Or.**

Avons-nous, après cela, une idée un peu précise des quartiers du XVIII⁽ᵉ⁾ arrondissement? ou bien, avons-nous seulement découvert que l'étude à faire est si grosse qu'elle est déconcertante? On aurait de l'aide, si l'on voulait; car il ne manque pas de concours qui s'offriraient dans cet arrondissement de plus de 200.000 âmes.

*
* *

Le XIX⁽ᵉ⁾ arrondissement est à la fois le hangar aux matériaux et le garde-manger de Paris. Les citadins du centre n'ont pas souvent occasion de s'y rendre ; à peine font-ils, une fois ou deux en leur vie, l'excursion des Buttes-Chaumont. Cependant le mouvement des affaires est aussi important qu'aux Halles et la foule qui se presse semble venir de toutes les régions d'alentour. Ici, nous ne sommes pas sur un territoire d'habitation hors duquel on travaille ; c'est un lieu d'industrie et de commerce actif, animé, bruyant, qui attire et captive. Cela du moins est vrai pour les deux premiers quartiers, la Villette et le Pont-de-Flandre qui sont en plaine ; les quartiers d'Amérique et du Combat ont d'autres traits.

A la Villette, la première chose qu'on voit, c'est le canal qui coupe en deux le quartier, et ensuite se prolonge dans le Pont-de-Flandre qu'il sectionne en croix. Puis, les Magasins Généraux, les établissements de la

Douane et de l'Octroi, la direction des Pompes Funèbres, les ateliers de la Compagnie des Petites Voitures, le dépôt des Omnibus, la raffinerie Lebaudy, et dans le Pont-de-Flandre, mais pas très loin de la Villette, la raffinerie Sommier et l'usine à gaz. On a idée déjà du monde qui circule et travaille. Il faut plusieurs milliers de tombereaux ou de camions pour le transport de tout ce charbon, de tout ce bois de construction, de toutes ces farines, de tous ces matériaux, ciments, plâtres, pierres meulières, briques, tuiles, produits chimiques et de ces pierres de taille qui sont venues par le canal. Tout ce qui est lourd vient à Paris par voie fluviale, parce que ce mode de transport est moins cher qu'un autre. Il a fallu des conducteurs à ces bateaux, il faut des bras pour la décharge. Les quais de Seine, de la Loire, de l'Oise et de la Marne offrent une animation qui ne cesse qu'avec le jour. Le quartier compte 50.000 habitants, mais il convient d'y ajouter la population des bateaux qui sans doute n'est pas fixe, puisqu'elle ne cesse de se renouveler, mais qui s'élève à plusieurs milliers d'âmes. C'est un des points les plus vivants de Paris.

Le Pont-de-Flandre a beaucoup moins d'habitants, 15.000 environ. La plus grande part de son territoire est prise par les abattoirs, l'usine à gaz et le canal. L'animation y est intense. De toutes parts, par rues, par chemins de fer et par canaux arrivent au marché les moutons, les bœufs et les porcs, que les bouchers de gros et de détail attendent un peu plus loin. A peu près toute la viande que l'on débite à Paris est ici préparée et vendue. Dans la rue de Flandre, il n'existe pour ainsi dire pas une maison où l'on ne voit un boucher, un charcutier ou un tripier. Les débits de vins sont aussi très près les uns des autres, et à l'intérieur, derrière des grillages élevés pour cela, se traitent, entre agriculteurs et marchands, des ventes importantes que l'on règle sur place, en argent. — Sur les quais on décharge des peaux, des blancs minéraux et surtout du charbon, pour l'usine à gaz. — Dans la rue de Flandre, l'Urbaine a un dépôt de voitures et de nombreux intermédiaires ont ouvert des bureaux de placement.

A vrai dire, toute cette foule, qui travaille ou fait commerce aux abattoirs ou au marché, n'habite pas le quartier. Ce sont ou des commerçants de la ville, ou des propriétaires de la campagne, ou des ouvriers, meneurs de bestiaux, tueurs, maîtres ou garçons d'échaudoirs qui, la plupart, habitent Pantin ou Saint-Gervais. La population qui réside ressemble beaucoup à celle de la Villette. Ce qui domine, ce sont les ouvriers et ouvrières des sucreries, les débardeurs, les charretiers, palefreniers, laveurs de voitures, tous gens dont le travail est dur et qui dépensent de la force. Il y a de bons métiers. Ainsi, les conducteurs de fardiers, qui dirigent de cinq à huit chevaux, reçoivent de bons salaires et des pourboires sérieux dans les chantiers où ils déchargent leurs pierres. Il y a des ressources en nourriture, car les bas morceaux dont ne veulent pas les bouchers au détail sont laissés à bon compte aux journaliers des abattoirs. Malgré cela, ceux qui manquent du nécessaire sont nombreux. Les institutions du genre de celles qui sont encouragées ou dirigées par les Compagnies des Chemins de fer, telles qu'économats, caisses de secours, de prêt et d'épargne font ici défaut. Les salaires, si gros qu'ils soient parfois, sont absorbés au jour le jour ; en sorte que le chômage et la maladie sont de véritables fléaux. L'abus des boissons fortes si excusable, mais en même temps si dangereux, pour cette population de travailleurs, apporte encore une nouvelle source de misères. Cependant, dans le Pont-de-Flandre et la Villette le travail manque rarement ; c'est pour cela, sans doute, qu'il y a tant d'ouvriers étrangers, surtout des Italiens, des Belges et des Allemands. Les paresseux, les individus sans profession sont la très rare exception. Ils ne sauraient à qui parler pour dire leurs malheurs. On est de la Villette et l'on a tant à faire, qu'à peine de loin en loin, peut-on descendre dans Paris.

Les lieux les plus nécessiteux sont : à la Villette, passage Choquet où se sont établis des chiffoniers ; rue de Tanger, rue de Flandre, rue Riquet, et beaucoup plus haut dans la rue de Flandre, passage Joinville, où dominent les nombreuses familles de raffineurs, rue d'Allemagne, rue de Meaux et rue Petit où l'on rencontre beaucoup d'inscrits du bureau de bienfaisance. Au Pont-de-Flandre, les rues de Nantes, de l'Argonne, Rouvet, le passage Auvry sont une agglomération de malheureux, composée surtout de débardeurs et de sucriers. Et partout, dans l'ensemble des deux quartiers, on subit le contre-coup des accidents de la vie de Paris.

Un arrêt dans la batellerie, dans la construction, ou dans l'aisance générale, et tout ce monde en souffre. Les demandes de secours doivent se produire par violentes poussées à la suite d'événements ou de phénomènes sociaux qu'il est difficile, pour ne pas dire impossible, de prévoir, mais qu'on pourrait tenter d'étudier.

Les quartiers en hauteur, Amérique et Combat, sont beaucoup moins actifs. Il y a trois régions, autour du parc des Buttes-Chaumont : le versant de la Villette qui regarde Paris, les côtes du Pont-de-Flandre et la zone de Belleville. En bas du versant de Paris, dans toutes les petites voies qui partent de la rue Bolivar et aboutissent au boulevard de la Villette, réside une population très mêlée. A côté des employés du dépôt des Omnibus, des raffineurs, des débardeurs, ont trouvé place, surtout vers les rues Asselin et Monjol, dans des hôtels qui rappellent les plus mauvais lieux des XVIIIe et XIIIe arrondissements, des individus sans profession, sans métier, dangereux et paresseux, qui ont valu aux boulevards extérieurs, leur mauvais et légitime renom. Ils sont là aussi près que possible du territoire de leurs exploits. — Le voisinage du quartier industriel de l'hôpital Saint-Louis se fait aussi sentir. Il existe boulevard de la Villette des entreprises qui distribuent à domicile la force motrice et ceux qui en tirent parti sont des ouvriers habiles, finisseurs en chaussures, en bijouterie, en pièces de fer ou de cuivre. — Entre le parc et le canal, il y a surtout des ouvriers du port ou des entreprises de roulage. Autrefois, il aurait été sage de noter la présence des vidangeurs de la compagnie Fresnes, mais ils disparaissent peu à peu ; un jour viendra où ils n'auront plus de place que dans l'histoire, puisque bientôt il n'y aura plus de fosses fixes dans Paris.—A l'extrémité du quartier du Combat près de la rue de Crimée, on constate dans les passages du Nord et du Sud une réunion assez importante de chiffonniers ; il y en a bien davantage un peu plus loin. — La mairie du XIX⁰ arrondissement est dans cette région et chacun sait que le maire est un sculpteur de grand nom. Les artistes ont du goût pour les lieux d'altitude ; ce sont eux qui les premiers ont découvert qu'on pouvait s'établir à Montmartre ; il n'est pas surprenant qu'ils aient agi de même aux Buttes-Chaumont. Il reste d'ailleurs large place aux amateurs, car les terrains non construits occupent encore de larges espaces ; on y voit paître quelques chevaux, derrière les murs de clôture. Toute cette région, comprise entre la rue de Crimée, le parc et le boulevard de la Villette est très malheureuse. Au 32 de la rue de Meaux, par exemple, il y a plus de 300 ménages dont un quart se compose d'inscrits du bureau de bienfaisance. Le passage des Fours-à-Chaux, la rue des Chaufourniers, la rue Petit ne sont pas beaucoup moins lamentables ; et l'on sait déjà quelle population réside aux passages du Nord et du Sud, rue Asselin et rue Monjol.

La région de Belleville, entre le parc et le funiculaire est un territoire d'habitation. Certes, il existe encore bien des terrains vagues. Mais, il est certain que l'œuvre de peuplement s'est accomplie.

On peut user d'un moyen rapide de transport vers le centre même de Paris. Aussi, un très grand nombre d'employés, d'ouvrières de l'aiguille, des fleurs et de la plume ont-ils trouvé pratique de fixer leur domicile tout le long de la rue de Belleville, sur la pente et sur le plateau. Il y a beaucoup d'ouvriers peintres, vitriers et peintres de lettres ou d'enseignes ; aussi, beaucoup de travailleurs en chambre qui produisent, pour les petits industriels des environs du Temple, les articles dits de Paris et la petite bijouterie. L'industrie des chaussures semble avoir un caractère un peu plus local ; elle occupe assez de monde pour qu'il soit nécessaire de noter sa présence. Comme on voit, le voisinage relatif du canal et des abattoirs n'influe guère sur la composition des habitants. La configuration du sol est suffisante pour l'explication qu'on attend. Sitôt qu'il faut monter, l'homme cherche ailleurs, à moins qu'il n'ait une raison pour prendre de la peine, ou un moyen de l'éviter. Le funiculaire fait offre de service à la foule qui fréquente la place de la République ; c'est là que la population de la rue de Belleville prend sa source. Les pauvres sont légion ; pauvres d'habitude, ayant une situation connue et des secours réguliers ; et pauvres d'occasion, parmi les plus suspects, au bas et vers le milieu de la rue de Belleville. Leur présence se trouve pour ainsi dire soulignée par l'existence des boucheries hyppophagiques. Toutes les fois qu'on en voit quelque part, on peut être sûr qu'une partie de la région est habitée de la pire façon. A ce point de vue, les rue, passage et impasse du Plateau, la cité du Tunnel, l'impasse Saint-Vincent, la rue Hassard et la rue de la Villette sont les premiers à citer, pour la partie haute du plateau. En avant, il faudrait dire les noms de toutes les rues qui donnent dans la rue Rébeval. Toute cette partie de l'arrondissement est extrèmement chargée d'indigents.

Les côtes du Pont-de-Flandre comprennent toute la partie du quartier d'Amérique qui se trouve dans le rayon d'attraction du Canal et de l'Abattoir. Les voies d'accès sont la rue de Crimée, la rue d'Hautpoul et la rue David-d'Angers. Elles sont directes. Aussi, n'y a-t-il pas surprise à retrouver ici la population des travailleurs des quais, de la raffinerie Sommier et du Marché aux bestiaux. L'agglomération comprend en outre des ouvriers d'industrie et des chiffonniers. L'industrie est représentée surtout par des constructeurs qui s'occupent d'électricité et de machines à vapeur ; quant aux chiffonniers, ils sont sur un vrai terrain d'élection. Les uns travaillent pour leur compte, les autres pour de grandes entreprises qui leur donnent un salaire. Les gros marchands de chiffons du quartier d'Amérique ont si bien su tirer parti de leurs rebuts, qu'ils couvrent de vêtements, ayant l'apparence du neuf, une partie de la clientèle des grands boulevards. Si l'on savait d'où viennent ces complets, sans doute on en ferait l'achat, mais on comprendrait mieux pourquoi l'acheteur semble avoir fait une bonne affaire. — L'essai a été tenté, rue d'Hautpoul et rue David-d'Angers, de mettre à portée de la population ouvrière des logements à bon marché. Il semble qu'il ait réussi, et que l'habitation soit ici beaucoup plus hygiénique que dans les quartiers pauvres des autres arrondissements. Cela est d'autant plus remarquable, qu'il n'y a pas longtemps, à la même place, se trouvaient d'affreux cloaques, fours à chaux, dépotoirs, carrières de sable qui semblaient rendre cette région inhabitable à jamais. Aujourd'hui la conquête est faite pour toujours. Ce qui reste d'autrefois, ce sont des terrains vagues, tous entourés de murs, où l'on met au vert quelques chevaux pour en faire commerce. Les pauvres sont partout. Les familles, bien que nombreuses, sont décimées par l'alcoolisme et la maladie ; même les femmes s'adonnent à la boisson au cours de leurs occupations si dangereuses, puisqu'elles passent leur vie au milieu de montagnes d'ordures. Bien des mesures déjà ont été prises pour réglementer l'industrie du chiffon. Si l'on changeait de moyens, en demandant concours au bureau de bienfaisance, la police n'en serait pas jalouse et le résultat, peut-être, serait meilleur.

Que de choses il y a dans ce XIXe arrondissement qui compte parmi les plus misérables de Paris et qui en même temps contribue pour une si large part à la vie économique de la capitale ! Il faudrait en faire une étude complète pour discerner la nature des secours qui conviendraient aux habitants.

*
* *

Le XXe arrondissement est logé presque entier sur le
haut plateau de Romainville et de Bagnolet : seule, une
partie du quartier de Charonne est en plaine. Certains
points sont élevés autant que Montmartre et l'espace est
trois ou quatre fois plus étendu que la butte.

Trois quartiers touchent au XIe arrondissement : Belleville, le Père Lachaise et Charonne. Saint-Fargeau
est tout à fait extérieur ; il fait suite à Belleville et au
Père Lachaise, jusqu'aux fortifications. Tout cela n'est
pas plus connu de la masse des Parisiens que les coins
les plus isolés de la grande ville. Cependant, il s'agit
d'un arrondissement dont la population compte plus
de 150.000 âmes. Il a le triste privilège d'être le plus
pauvre de tout Paris ; ou, si l'on veut, de venir au
même rang que le XIIIe.

Par comparaison avec ses voisins, Saint-Fargeau
peut passer pour aisé, ainsi d'ailleurs que cette partie
du quartier d'Amérique qui est au nord de la rue des
Lilas. Autrefois toute cette région était occupée par des
maraîchers et des horticulteurs. On y produisait les
légumes, le raisin, et la fleur d'oranger pour mariages.
L'industrie devait être bonne ; car, sur les terrains de
culture, il y a maintenant de petites villas. Ce ne sont
pas des constructions luxueuses, comme à la Muette ;
mais de très modestes maisons d'une valeur de quelques milliers de francs qui sont souvent la propriété
d'ouvriers d'industrie ou d'anciens petits commerçants du

IIIe ou du XIe arrondissement. Ceux de la dernière géné-
ration assurent que de leur temps tout le haut Belleville
était morcelé de petits domaines bourgeois. C'était le
rêve des petits boutiquiers d'avoir là maison et jardin ;
et comme il suffisait de peu d'argent pour s'établir, ils
ont vite fait de former des groupements importants.
D'ailleurs le sol ne se prête pas facilement à la construction de hautes maisons. Le sable et la terre glaise qu'on
rencontre partout obligent au creusement de puits pro-
fonds pour les fondations et à des travaux d'art qui
supposent la mise en œuvre de gros capitaux, peu en
rapport avec le prix des terrains (1). Peu à peu, le quartier se modifie, la population compte déjà 15.000 âmes,
les moyens de transport, dans les directions de l'Opéra
et du Château-d'Eau s'améliorent tous les jours, les
maraîchers s'en vont, ne laissant derrière eux que quelques horticulteurs qui font des fleurs et des arbustes
pour les cimetières ; l'aspect champêtre du lieu est évidemment menacé. Mais, la population jouit encore de
commodités réelles, elle est tranquille, vit de ses rentes
ou de son travail dans Paris ; les mauvais garnis n'ont
pas encore paru. C'est un séjour de sages, et quelquefois d'heureux.

---

1. Il a été construit récemment, rue du Télégraphe, trois grandes
maisons ouvrières, hautes de six et sept étages, qui ont été fort bien
accueillies. Les loyers n'y sont pas trop élevés et ils présentent cette
particularité que les prix s'abaissent en même temps que s'élève le nombre des enfants des locataires. Les propriétaires, qui sont des philanthropes, retirent de leur domaine un revenu de 4 à 4 1/2 o/o ; ils son-
gent, dit-on, à poursuivre leur expérience en faisant construire de nouvelles maisons.

Nous avons crainte un peu que ce tableau n'apparaisse comme trop brillant. Il y a des ombres dont nous n'avons rien dit ; l'impasse du Progrès, l'impasse Haxo, le passage Boudin sont des refuges où les malheureux s'entassent en des maisons basses, de un ou deux étages, perdues dans des espaces considérables, absolument dépeuplés, dont quelques-uns mesurent 80.000 mètres carrés. Là, c'est la solitude qui encadre la misère.

Il semble qu'il ne faut pas, pour le reste de l'arrondissement, s'attacher aux divisions administratives, par quartier. Ce qui frappe, ce sont les différences qu'on constate dans l'extérieur des habitants, suivant qu'on s'approche ou qu'on s'éloigne de la ligne des boulevards; et la remarque est la même qu'il s'agisse de Belleville, du Père Lachaise, du quartier du Combat dans le XIXe, ou de Charonne dans la partie qui n'est pas en plaine. Il y a, comme une série d'étages dans la population : en bas, près des boulevards, ce qu'il y a de moins bon. en mélange avec les éléments qui composent la population générale, et dans une région où l'on compte, en certains points, 800 habitants à l'hectare ; sur les bords du plateau, notamment aux alentours de la mairie, des familles laborieuses où les hommes sont ouvriers ou employés et les femmes, surtout les jeunes filles, occupées dans les ateliers ou manufactures ; et, plus loin, jusqu'aux fortifications, les maraîchers et petits rentiers que nous venons de voir dans Saint-Fargeau, isolés au bord de longs terrains vagues.

En parcourant le quartier du Combat, il a fallu formu-

ler un regret à la vue de ces misérables garnis qui avoisinent le boulevard de la Villette. A Belleville, c'est une
plaie vive qui s'étale et se prolonge tout le long de
Ménilmontant, dans le Père Lachaise. Toutes les rues,
dans le bas des deux quartiers, sont remplies de ces
affreux immeubles, malpropres, surpeuplés, où logent,
à la semaine, souvent à la nuit, plusieurs milliers de
créatures, hommes et femmes, qui vivent d'expédients
ou de délits. Les souteneurs, les filles, les repris de
justice sont là comme à l'affût des occasions qui peuvent s'offrir à leur portée. Pour ceux-là, il n'y a rien à
faire ; l'argent, que parfois on leur donne, est certainement perdu ; jamais aucune institution de bienfaisance
ne les éloignera du mal, de l'oisiveté et de la paresse,
où ils se plaisent. Mais pourquoi faut-il que, sous les
mêmes toits, on trouve des travailleurs ? Ils veulent
payer moins cher, ou plus commodément leur logement. Ils perdent à ce calcul ce qu'ils ont de bon au
cœur et leur moralité. Cette clientèle se tient si mal
que les logeurs, aux époques de distribution des bons
de logement, reçoivent, comme des hôtes de choix, les
malheureux qui leur sont envoyés par les asiles de nuit.
C'est que ceux-là du moins sont passés sous la douche
et ne portent pas sur eux de vermine ! On a beaucoup
parlé d'habitations à construire pour les ouvriers ; parfois quelques essais timides ont été faits. C'est ici que
l'on peut mesurer l'étendue des besoins et le néant des
résultats. Pourquoi s'obstine-t-on à faire payer les
loyers par termes ou demi-termes ? C'est par semaines

ou par quinzaines que les salaires sont distribués. Si les propriétaires faisaient choix des mêmes époques pour réclamer leur dû, sans doute, il y aurait moins d'hôtels, qui sont la marque d'un état social profondément navrant. Si l'on tentait, pour le logement, d'user des coopératives qui ont eu tant de succès pour l'alimentation? Elles pourraient se charger de procurer les meubles et de payer les loyers, après avoir reçu, par jour ou par semaine, les sommes qui sont à verser. Il y aurait place pour un certain profit, puisqu'elles auraient dans les mains un dépôt de capitaux; et elles pourraient ainsi distribuer des bonis. Dans tous les cas, ce mal veut un remède qu'il conviendrait de chercher.

Nous nous souvenons que nous avons noté à Plaisance un centre très important de mutualités, nous aurions pu voir aussi des coopératives prospères. De même, ici, les deux idées de coopération et de mutualité ont fait l'une et l'autre de nombreux adhérents. Le même sentiment est à l'origine de ces deux formes d'associations, l'effort en commun ayant plus spécialement pour objet la vie présente ou les vieux jours, suivant les préférences du moment ou du milieu.

Il n'est pas possible de n'être pas frappé du nombre et de l'importance des coopératives ouvrières de consommation qui rayonnent sur le XXe, sur le XIe et sur la partie du XIXe qui se confond avec Belleville. Il est de ces sociétés qui comptent 20.000 membres, d'autres 10.000, toutes plusieurs milliers; et elles sont au moins dix qui font sentir ici leur action. Elles se proposent d'acheter au meilleur compte et de revendre au prix coûtant les objets d'alimentation, de vêtement, de chauffage qui sont indispensables pour vivre. On espère y joindre des caisses indépendantes de crédit pour venir en aide aux travailleurs dans la gêne ; et par année ou par semestre, on distribue aux adhérents les bénéfices réalisés sur les prix de vente. Cet appât du boni à toucher a fait des prodiges. De suite, il faut dire que cela est heureux à tous points de vue. C'est presque de l'épargne que ce calcul de combiner pour une date précise une rentrée d'argent importante. C'est un acte de haute morale sociale que de rechercher les moyens les plus sûrs de satisfaire à l'existence, au plus juste prix. C'est une œuvre bien comprise de fraternité que de mettre à la disposition de ses pareils la confiance qu'ils inspirent, en leur faisant crédit. Les coopérations peuvent être le légitime orgueil de cette région de Paris ; et il ne serait pas même équitable d'indiquer comme un reproche les défauts qui existent dans leur fonctionnement. Ce ne sont là que faux pas inévitables, quand les premières écoles ne sont pas faites.

Dire quelle est la clientèle de ces institutions, c'est passer en revue tout le meilleur de la population du XXe. Ce sont des ouvriers du fer, du bois, du bâtiment qui descendent chaque jour à leur travail dans le centre de Paris, surtout dans le XIe ; ou bien se rendent par la ligne de ceinture à Montmartre, aux Ternes, même à Javel, pour s'occuper dans les usines. Ce sont de petits employés qui appartiennent à des services

publics, octroi, travaux, police, bureaux des préfectu-
res et des ministères, ou à des entreprises privées où
ils sont métreurs, comptables, commis de magasins. Ce
sont des ouvriers, dont le métier se rapporte à la pas-
sementerie, à la confection, aux modes. On peut évaluer
à près de 20.000 le nombre des femmes qui, dans Belleville et le Père Lachaise, vivent de ces professions.
Tout ce monde est là parce que les ressources sont
modestes et qu'il fallait trouver au meilleur compte le
logement et la nourriture.

On peut dire qu'il n'y a pas d'industrie spéciale, au
XXe arrondissement. Sans doute, on pourrait citer
quelques fonderies, quelques fabriques de produits chimiques, tels qu'allume-feux et matières stéariques,
quelques associations de peintres et de cochers. De
même, l'existence du cimetière explique la présence
d'un certain nombre de marbriers et de marchands de
couronnes. Mais tout cela ne peut faire vivre qu'une part
infime de la population qui réside. Aux premières heures du jour et le soir quand est finie la journée du travail, c'est un mouvement fantastique de tous les adultes,
hommes et femmes, qui s'en vont ou reviennent. Dans
la journée, les quartiers sont comme frappés de som-
meil. Seuls, les marchés et la rue des Pyrénées ont
encore un peu d'animation. Les ménagères s'occupent
des intérieurs, font les provisions et soignent les enfants.
Ici, il y en a presque autant qu'au XIIIe. Beaucoup
sont mal portants ; beaucoup aussi ne sont pas nés
d'unions régulières. Le monde ouvrier se compose, en

effet, d'individus le plus souvent célibataires et dans la
force de l'âge : on dépense plusieurs années avant de
fonder une famille et l'on obéit cependant à tous les
besoins naturels de l'existence. Il en est ainsi dans les
milieux où la vie industrielle est intense, qu'il s'agisse
de grandes villes ou de territoires parfois tout neufs,
quand il s'y porte une masse importante d'immigrants.
Le fait n'est donc pas spécial à Paris et il n'est pas certain qu'on puisse jamais trouver dans les lois un accom-
modement acceptable. Pour le moment, il en résulte une
évidente obligation d'assistance que les pouvoirs publics
ont volontiers reconnue, leur seul regret étant de
manquer des moyens de faire mieux qu'ils ne font.
Quant aux denrées alimentaires, elles sont d'un prix
extraordinaire de bon marché. On trouve, dans ces régions
habitées par les pauvres, des viandes, des légumes et
des fruits qu'il serait impossible de découvrir ailleurs.
Il paraît qu'ici on peut manger, par exemple, d'excellents
plats faits de langues de moutons. Je crois bien qu'un
mets de ce genre semblerait à nos Parisiennes du Louvre
ou du Luxembourg aussi exotique qu'un nid d'hiron-
delles.

Peut-être jusqu'ici n'avons-nous point insisté suffisamment sur les manifestations de misère que l'on rencontre partout. Nous savons, par les statistiques, que
6.000 indigents reçoivent, dans l'arrondissement, des
allocations périodiques ; le nombre de ceux qui demandent, au cours de l'année, est évalué à 40.000. On peut
penser, après la vision de ces chiffres, que le fonction-

nement des institutions d'assistance offre un intérêt de premier ordre.

Il est de vieux immeubles qui sont de véritables casernements de malheureux. Il suffirait pour les découvrir de parcourir les rues de Belleville, de Tourville, du Pressoir, et Piot, dans Belleville ; dans le Père Lachaise, les rues des Amandiers, de Ménilmontant, Orfila, des Partants et Duris ; à Charonne, les rues des Haies, Courat, Saint-Blaise, et, entre tous, l'hôtel du passage Brémant, rue des Orteaux, qui ne contient pas moins de 400 chambres ou petits logements et réveille le triste souvenir de la cité Jeanne-d'Arc. Sur les terrains non construits, notamment aux numéros 341, 319, 190 de la rue des Pyrénées, on rencontre, en certaines places, des agglomérations de roulottes et de baraques faites de planches, de toile, de cartons bitumés, parfois de vieilles boîtes à sardines ; là trouvent refuge des forains, des brossiers, des repasseurs de couteaux, des rétameurs de casseroles, des fabricants de paniers, des éleveurs de pigeons, des brocanteurs et des chiffonniers. Le prix des loyers varie de 3 francs par semaine à 5 francs par mois, pour un terrain où une famille peu exigeante parvient à camper, avec son cheval, son âne, ou ses grands chiens.

Le brocantage semble être une occupation très répandue. Il s'applique surtout aux effets d'habillement qu'on restaure du mieux qu'on peut, pour les offrir aux amateurs sur le « marché aux puces », près la porte de Montreuil. En vérité, il y a là des occasions superbes pour qui ne craint pas les incertitudes et les souillures du passé. Les chiffonnières du XIIIᵉ arrondissement viennent y vendre leur travail ; elles s'y rencontrent avec les biffins et chineurs de Belleville, de la rue des Amandiers et de la place de la Réunion. Toute la banlieue d'alentour, Montreuil, Bagnolet, les Lilas, concourt à la foule des acheteurs. C'est le pendant du « marché aux ferrailles », de la porte d'Ivry.

Ce « marché aux puces » est à l'une des extrémités du territoire de Charonne dont nous n'avons encore rien dit. Comme le sol s'est abaissé, l'industrie a reparu. Voici des fabriques de coton, des brasseries, des chocolateries, des entreprises de transport, l'usine à gaz, le métropolitain ; on parle de construire, vers la rue Saint-Blaise, une gare-aux marchandises pour le chemin de fer de ceinture. En attendant la suite de ce projet, les abords de boulevard Davout sont occupés par une armée de chiffonniers dont beaucoup entassent des peaux de lapins. Ils trouvent à écouler leurs provisions chez les coupeurs de poils qui travaillent en grand nombre à préparer les chapeaux de soie. Comme on voit, l'ouvrier peut en cet endroit trouver sur place un salaire, et la région se distingue tout à fait à ce point de vue du reste de l'arrondissement.

S'il fallait faire une étude complète du XXᵉ, il faudrait aussi parler de ses rapports intimes avec les grosses agglomérations de la banlieue qui sont voisines. Les malheureux s'aperçoivent vite que les secours sont plus accessibles dans la ville que hors des murs. La population

de la capitale se charge ainsi des éléments les plus suspects des communes suburbaines ; c'est là un phénomène
constant, qu'il s'agisse du XXe ou du XIXe, du XVIIIe, du
XIVe, du XIIIe, pour ne parler que des arrondissements
où il se manifeste avec le plus d'intensité. Volontiers
nous reconnaissons que l'étude de la banlieue serait à
faire. Mais notre pensée n'était pas de présenter un
travail définitif. C'est une idée que nous avons traduite,
pensant que d'autres, avec plus de moyens, voudront
dégager tous les caractères des arrrondissements parisiens.

CONCLUSION

Il ne manque pas d'endroits dans le XXe d'où l'on
peut voir Paris. De là, le panorama qu'on a sous les
yeux est saisissant. C'est une mer de maisons qui a tout
envahi, les plaines et les collines. Au loin, une ceinture
de hauteurs semble attendre un caprice de tous ces
hommes pour se fondre dans la ville. Déjà, en bien des
directions, l'enceinte est franchie. Elle est trop faible
pour contenir les mouvements de ce flot, dont la vie
toujours agissante se manifeste par un bruit confus qui
ne cesse jamais. Une brume légère et sonore à la fois
couvre tout. Il semble qu'elle est faite de tous ces efforts
de force et de pensée, de joies et de douleurs ; de tout
ce mouvement qui met en contact toutes les parties du
grand corps. Nous revoyons, dans un ensemble, toutes
ces régions dont nous avons tenté de définir les caractères, et qui de loin n'ont plus même un nom. Le poète
peut venir. Il aura là pour inspirer les créations de son
génie tous les siècles passés d'humanité. Pour nous, il
serait dangereux de demeurer. Nous avions besoin d'une
preuve pour les yeux de l'unité de Paris ; mais le souvenir à garder, c'est le long regard que nous avons
promené dans les rues.

Nous avons admiré. Car le travail est partout, dans les cerveaux et dans les bras ; chez les hommes, comme chez les femmes ; dans les usines, manufactures et ateliers, comme sur les chantiers, ou derrière les comptoirs, ou dans le silence des cabinets. Cette ville est une source d'activité d'un volume énorme, avec des variétés si diverses, qu'en vérité l'on peut dire qu'elle est l'expression dernière de toutes les connaissances humaines. Alors, on comprend que le peuple de Paris ait en lui pleine confiance. Il croit au bien, à un futur meilleur. Il veut le bonheur ; et, parce qu'il y pense, parce que tous les jours il constate un progrès dans le lieu même de son effort, il accepte presque sans humeur les peines du présent.

Mais ces peines existent ; quelques-unes sont connues et la pensée de tous demande qu'on s'en occupe pour en tarir les sources et en diminuer les effets dans la mesure du possible. Les quelques pas incertains, hasardés d'instinct au cours de ce travail, nous ont permis de découvrir toute l'étendue des connaissances qu'on n'a pas et qu'on devrait avoir. L'ignorance des faits et des hommes, voilà ce qui sûrement se dégage. De temps à autre, une émotion, ou bien un éclair de vérité ont permis d'agir dans le sens des aspirations générales. De là, l'éclosion de toutes ces œuvres qui dénoncent tel mal et lui font la guerre ; de là aussi, la passion que l'on met à discuter les actes des pouvoirs publics en matière d'assistance. Mais on s'en tient à l'empirisme. Il n'y a pas d'idées, parce qu'on a pas conscience des réalités. On sent qu'il manque une organisation moderne, en harmonie avec notre formation sociale. On tient rigueur à tout le monde de n'avoir pas trouvé je ne sais quoi qui fait défaut. Nous avons un sens nouveau dont l'organe n'est pas né.

Il faut aller au fond des choses. — Le fait est établi que les exigences les plus essentielles de la vie, telles que l'alimentation, le vêtement, le logement, l'association, le patronage varient, presque à l'infini, suivant les arrondissements et les quartiers. Il est des professions, même de rebut, où l'action des secours publics n'a pas à se produire ; au contraire, il en est d'autres, où les salaires sont élevés, qui sont une terre fertile pour l'éclosion des pires misères. C'est que l'état d'indigence dépend de circonstances qui échappent à l'analyse. Il ne s'agit pas, en ces matières, d'employer les méthodes des sciences exactes ; il faudra tenir compte de l'opinion, des idées reçues, des habitudes locales et de bien d'autres choses encore qui sont les éléments dont la combinaison engendre les besoins. Et les besoins, même les plus simples, comme le besoin de manger, n'ont pas la même urgence suivant les lieux et les milieux, puisque la nourriture sera toujours facile à découvrir dans des régions, quelquefois les plus pauvres, comme la Gare ou la Villette, alors qu'on ne trouvera pas une croûte de vieux pain à l'Elysée. C'est donc une erreur capitale de vouloir faire le compte des pauvres. Et surtout, de penser qu'ils sont des unités ayant même valeur ; par suite, devant subir partout le même traitement.

Le lieu d'étude ne peut être Paris tout entier. C'est trop grand ! On serait sûr d'oublier l'essentiel. Et puis, qui donc oserait ? Un enfant peut tenter de soulever l'obélisque. L'homme de raison sait distinguer la limite de ses forces. Il sait aussi qu'à plusieurs on peut faire ce qui n'est pas possible à un seul. Il serait donc expédient puisque l'arrondissement a une figure, des tendances, une personnalité, de s'attacher à en faire la complète analyse. On pourra se servir, dans une telle entreprise, de tous les habitants qui sont, beaucoup mieux qu'on ne croit, préparés à cette grande œuvre d'intérêt général.

DEUXIÈME PARTIE

LES PERSONNES

I

LE PERSONNEL BÉNÉVOLE, MÉDICAL ET ADMINISTRATIF

I

Le Personnel Bénévole

Le Maire, les Adjoints, les Conseillers Municipaux, les Membres des Commissions de Présentation, les Administrateurs, les Commissaires et Dames Patronnesses.

Nous avons vu le lieu. Nous voulons voir les gens ; non pas encore les malheureux, mais ceux qui s'en occupent : le maire, les adjoints, les administrateurs, les conseillers municipaux, les commissaires de bienfaisance. Nous désirons savoir comment ils sont nommés ; ce qu'ils sont ; ce qu'ils font ; ce qu'ils pourraient faire ; comment leur action se trouve liée au fonctionnement intime du bureau de bienfaisance. C'est un pas de plus à tenter pour notre étude des secours publics à Paris.

Il est toujours dangeureux de parler des personnes, quand on veut préciser leurs qualités ou leurs défauts. On court le double risque de blesser et de se tromper. Il n'est pas possible cependant d'écarter comme négligeables des éléments d'appréciation qui parfois seront seuls à faire comprendre l'effet utile des fonctions qu'il s'agit d'étudier.

Le service est public ; publiques sont les personnes. Je
dis qu'elles appartiennent à notre discussion, car elles-
mêmes se sont offertes. D'ailleurs, on médit davantage
de ce qu'on connaît mal. Apprendre à les connaître,
c'est déjà les servir.

*
* *

Le Maire et les Adjoints

Le président du bureau de bienfaisance, c'est le maire,
le maire-président, M. le maire. Quel est au juste ce
personnage qui est l'objet des respects et des hommages
de tous ceux, administrés et fonctionnaires, qui ont
affaire à lui ?

A Paris, c'est un décret qui l'investit de ses fonctions.
Pour remplir la charge, aucune condition n'est nécessaire ; il faut seulement être nommé ; et, à ce point de
vue, le maire se trouve placé sur le même pied que les
plus hauts fonctionnaires de l'Etat. Pour un poste de
scribe dans une administration publique, on demande
aux candidats de produire certains diplômes ; de plus, on
les soumet, le plus souvent, à un concours qui n'est rien
moins qu'une formalité, en raison même du nombre
toujours plus grand des concurrents. Pour les grands
chefs, il n'y a pas de ces exigences : il suffit d'une signature pour faire un préfet, un directeur de ministère,
voire même un gouverneur à la Banque ou dans les

colonies. Donc, le maire à Paris est nommé par décret.

Ce peut être un avocat. Il y en a plusieurs actuellement qui tiennent l'emploi. Les uns ont un cabinet, exercent effectivement, même brillamment, leur profession ; d'autres n'ont jamais mis le pied au Palais. Ce peut être aussi un gros propriétaire ; ou bien un grand industriel ; ou encore un homme politique en vue. C'est ainsi que Jacques, le concurrent malheureux du fameux général Boulanger, a occupé jusqu'à sa mort le fauteuil présidentiel à la mairie du XIVe arrondissement. D'autres sont sénateurs ou députés ; il peut même arriver qu'ils n'appartiennent pas à la représentation parisienne, si tel est le désir du ministre qui les choisit. Le maire pourrait encore être un médecin, un artiste, un marchand ; il en est un, qui vient de mourir il n'y a pas longtemps, qui était simple pharmacien dans son quartier.

Ainsi, MM. les maires peuvent faire tous les métiers. Et, bien vite, nous ajoutons qu'ils sont tous fort honorables. Il ne serait pas facile de trouver ailleurs une réunion de vingt personnes réunissant autant de qualités d'honneur, d'urbanité, de respect de soi-même, et de dévouement à la chose publique.

Ils ne sont pas payés. Au contraire, ils donnent largement leur temps et aussi leur argent. En retour, on leur laisse une place au premier rang dans leur arrondissement ; ce qui peut leur valoir, si les circonstances s'y prêtent, un siège au conseil municipal ou au Parlement ; et aussi un bout de ruban rouge après quelques années de services. Il est bien probable que nous venons d'indiquer là les raisons qui ont déterminé beaucoup de nos maires à solliciter le poste qu'ils occupent. Il ne serait pas juste, cependant, d'oublier que plusieurs d'entre eux n'ont plus rien à attendre des pouvoirs publics ; qu'ils comptent plusieurs lustres de services continus, et n'ont nul désir de s'en aller, trouvant, dans le bien qu'ils font, la récompense de leur civisme.

On ne peut pas parler du maire sans dire en même temps ce que sont ses adjoints. Ils sont nommés comme les maires, par décret, choisis comme eux, dans les mêmes milieux, et on attend d'eux les mêmes services. Beaucoup sont destinés, au bout d'un temps plus ou moins long, à remplacer celui dont ils commencent par être modestement les aides. Pourtant, il n'en est pas toujours ainsi. Le maire, le plus souvent, a pour adjoints les hommes qu'il a lui-même désignés. Pourquoi faire opposition aux désirs de personnes qui sont destinées à vivre ensemble, à se remplacer mutuellement dans l'exercice journalier de leur charge ? L'autorité supérieure évite de discuter ces combinaisons qui répondent à des convenances personnelles. Seulement, si le maire vient à disparaître, il peut arriver que le premier adjoint n'ait pas la notoriété, ou la couleur politique, qui convient au ministre. Alors, on cherche ailleurs le successeur ; et, le plus souvent, cette nomination va provoquer des flottements, et parfois même une crise, parmi les membres de la municipalité d'arrondissement. Le premier adjoint, par exemple, n'acceptera pas volontiers de demeurer en place, si c'est son collègue, le deuxième adjoint, qui profite des circonstances. De même, si un étranger arrive à la mairie, il va peut-être manifester le désir d'avoir près de lui ses amis ; et il sera le plus souvent satisfait. Il n'y a pas ici de droits acquis à respecter, ni de situations matérielles à ménager ; nos maires et adjoints sont tous, ou presque tous, gens à leur aise ; ils ne retirent, dans tous les cas, aucun profit substantiel de leurs fonctions. On tient compte seulement, dans une certaine mesure, de leur désir de rester en place.

Il ne peut pas être question de faire ici l'exposé de toutes les attributions des maires ; ce serait entreprendre une étude qui n'est pas la nôtre. Il suffira que nous ayons la silhouette du magistrat, marquant sa place dans la masse des agents qui concourent à l'administration des secours publics. Plus tard, nous le retrouverons à l'œuvre, en contact avec ses collaborateurs et les fonctionnaires d'ordres divers dont il a la surveillance.

Voici la source, la raison historique de son droit. Il est l'héritier direct de l'agent national de la grande époque révolutionnaire. L'assemblée populaire nommait les membres de ses deux comités : comité civil, comité de bienfaisance, et son représentant chargé d'exécuter, qui était l'agent national. Aujourd'hui, les préfets détiennent la plus grande part des attributions qui appartenaient aux comités ; mais, le reste est dans les mains du maire. Il ne parle plus au nom de ses mandants, puisqu'il ne tient pas ses pouvoirs du suffrage populaire, mais il représente bien encore l'autorité centrale, auprès de ses concitoyens. A ce titre, il s'adresse directement à eux, sur affiches blanches, en temps de réjouissances ou de malheurs publics ; il préside aux actes de la vie privée et de la vie publique et proclame les résultats ; il donne son avis toutes les fois qu'il est question de distinguer par une récompense l'un quelconque de ses administrés. Il est le premier citoyen de son arrondissement.

Il est bien magistrat, dans le sens le plus large du mot. Sous la garantie de son autorité et de son témoignage, sont célébrés ou constatés les actes essentiels de la vie, mariages, naissances, décès. Sous sa surveillance, on satisfait aux obligations qui découlent des grandes lois modernes sur l'enseignement, le service militaire, le jury criminel, le suffrage universel. Sous sa garantie, on fait la preuve, envers les tiers, de son existence, de ses droits, de ses ressources matérielles, même de sa moralité. Sous son patronage, chacun poursuit la satisfaction légitime de ses aspirations intellectuelles, en matière d'art, de jeux, de connaissances générales, de philanthropie. Si l'on tombe dans la peine, d'instinct on l'appelle à l'aide. Cette charge est de celles qu'on doit aimer.

Cela explique qu'on aime à visiter le maire, et qu'il soit accueillant. Son cabinet est le lieu qui convient à toutes les confidences, que l'on ait à parler des siens, ou bien des autres. Il est à la disposition de ses administrés ; et, pour les assister, il use d'abord de ses influences personnelles, puis des concours qui s'offrent et qu'il recherche pour cette tâche qui peut se faire très lourde. La raison d'être du fonctionnaire est ici tout entière dans les services qu'il rend. Il ne peut songer à se faire craindre ; sa mission est d'être aimable.

Cependant, il ne faudrait pas croire que tous les maires perçoivent de même façon les limites de leur charge. Les points de vue vont varier suivant le caractère de chacun d'eux ; suivant les qualités de leurs collaborateurs ; suivant les habitudes du milieu où ils vivent ; aussi, suivant l'opinion qui n'est pas la même dans toutes les régions de Paris. Il en est qui usent d'autorité ; d'autres, qui règnent, mais ne gouvernent pas : d'autres qui délèguent purement et simplement leurs pouvoirs. Les uns sont à la mairie tous les jours de la semaine et reçoivent qui veut les voir ; d'autres ont des jours désignés ; d'autres encore se bornent à imprimer une direction générale, dans des conseils de mairie où les adjoints se réunissent par semaine ou par quinzaine. Il peut y avoir attribution de fonctions, le maire se réservant personnellement le bureau de bienfaisance ou l'instruction primaire, après avoir chargé chacun de ses adjoints d'une mission spéciale ; ou bien, il peut y avoir partage des jours de la semaine, chacun des maires et adjoints se trouvant, à tour de rôle, investi de l'ensemble des pouvoirs. Enfin, le maire, qui parfois est fort âgé, peut se tenir éloigné des bureaux, ne paraître seulement que dans les circonstances exceptionnelles. Ainsi, le régime intérieur d'une mairie va nous apparaître, suivant les lieux, tantôt comme un petit empire, tantôt comme une république, passant par toutes les formes intermédiaires entre ces deux extrêmes.

On sait déjà, par nos constatations antérieures, combien sont différentes les physionomies des vingt arrondissements parisiens. La population, l'étendue, la richesse générale peuvent varier dans d'énormes proportions. De même, le personnel d'une mairie subit des modifications profondes suivant le milieu social d'où il vient et les efforts qu'on lui demande variant aussi suivant les régions. Il y a donc des raisons, j'allais dire géographiques, pour que l'allure du maire à l'égard de ses adjoints soit tout à fait différente, suivant les lieux. D'abord, ils sont tantôt trois, tantôt cinq, suivant le total de la population générale. On comprend, à la rigueur, que des rapports d'intimité puissent exister entre quatre personnes : le maire et ses trois adjoints ; mais, s'ils sont six, il est bien peu probable que les caractères pourront à ce point se concilier, qu'ils soient tous unis d'amitié. Dans la plupart des gros arrondissements, le maire commande. Ici, l'autorité lui vient de son âge, ou des qualités aimables qu'on lui connaît ; là, de sa haute situation personnelle, ou de l'énergie qu'il met à faire valoir sa volonté. Tel tient à distance ses adjoints : ils sont beaucoup moins que lui dans le monde ; tel autre reconnaît en eux ses égaux, car ils ont mêmes relations, même genre de vie et souvent des fréquentations de famille. Dans les petits arrondissements, surtout dans ceux du centre, cette confiance de maire à adjoints est généralement observée ; c'est qu'aussi, les luttes de personnes y sont plus rares, et moins violentes, quand parfois elles se produisent.

De tout cela, peut se dégager un certain sentiment d'inquiétude. On va se dire : mais alors, puisque les différences sont si profondes, c'est l'anarchie ! Peut-être, en effet, subsisterait il quelque désordre, si le maire avait des rapports directs avec le pouvoir central. Mais, il a, comme chef, le préfet ; et puis, les maires ont une école mutuelle. Il se rencontrent dans les cérémonies publiques, dans certains conseils et commissions dont ils sont membres de droit ; ils ont même un dîner mensuel où peuvent se discuter tous les problèmes qui leur sont communs. Sans effort, ils profitent ainsi les uns des autres et de leurs expériences réciproques. Tous ces éléments de connaissances professionnelles viennent se fondre, se combiner dans les cadres fixes de l'administration municipale où le préfet détient une autorité supérieure qui n'est pas contestée. De là, l'unité.

Au bureau de bienfaisance le maire joue un rôle considérable. Il préside toutes les réunions, qu'il s'agisse des séances du bureau qui ont lieu tous les quinze jours ou des commissions journalières organisées pour la distribution des secours. C'est lui qui signe les bons et toute la correspondance échangée avec les différentes administrations publiques et les particuliers. C'est lui aussi qui prend un parti dans toutes les affaires intéressant la population pauvre de son arrondissement. Il parle au nom de son bureau, usant ainsi d'une autorité qui s'exerce dans les questions d'ordre général et dans les questions de personnes. De lui dépend tout le personnel : administrateurs, commissaires, médecins ou employés : il concourt à la nomination de tous ces agents, il les juge, les note et obtient assez facilement, s'il le veut, leur avancement ou leur déplacement. Naturellement pour une tâche aussi lourde, il se fait aider ; ce sont ses adjoints qui le suppléent suivant ses vues.

Il est bon de préciser quelle est la situation du maire en face du directeur de l'Assistance publique dont on pourrait croire qu'il dépend. Il n'est pas placé sous ses ordres. Sans doute, il a le devoir de tenir compte des indications qui lui viennent de l'administration. Les lettres-circulaires qu'il reçoit doivent lui permettre de mieux comprendre et d'appliquer plus utilement les règlements en vigueur. Mais, s'il survenait un conflit, le directeur n'aurait aucun moyen d'imposer lui-même sa volonté ; il devrait demander l'intervention du préfet. Et, comme ce fonctionnaire pourrait fort bien suspendre son jugement, peut être même donner raison au maire récalcitrant, on comprend que l'usage se soit établi de tenir compte de l'opinion du maire. Ainsi ces deux autorités traitent d'égale à égale, de puissance à puissance ; elles ne sont pas hiérarchisées ; l'une parle au nom de l'intérêt général de l'administration, l'autre au nom de l'intérêt général de l'arrondissement.

Dans son bureau, le maire possède une autorité très grande. Cependant, il n'est pas tout-puissant. Il préside seulement les réunions et c'est l'assemblée elle-même qui délibère et décide. Il peut donc arriver, et cela s'est vu quelquefois, que le maire soit en opposition avec la majorité de son bureau composé d'administrateurs, d'adjoints et de conseillers municipaux. Alors, la situation est extrêmement tendue ; les difficultés ne cessent de se produire ; c'est une crise véritable. D'ailleurs les faits de ce genre sont très rares ; on peut même dire qu'ils sont exceptionnels. Nous avions besoin d'y faire allusion, parce qu'ils marquent la limite où s'arrête l'autorité du maire au bureau de bienfaisance.

On a dit que le maire avait usurpé ses pouvoirs et que rien n'obligeait le directeur de l'Assistance publique à user de son intermédiaire. Cette opinion ne soutient pas à l'examen. Qui donc a fait appel à son aimable entremise, pour recruter les membres du bureau ? Puis, pour entretenir le contact entre l'organe des secours publics et toutes les œuvres de bienfaisance ou de prévoyance qui fonctionnent sous le patronage officiel ? On s'est dit : le maire est officier d'état civil ; ici son ministère est nécessaire au nom de la loi ; mais là ne se borne pas le champ de son action. Comme tous les habitants de l'arrondissement apprennent à le connaître dans les plus graves circonstances de la vie, ce magistrat se trouve mêlé à toutes les joies et à toutes les peines des familles. Il est donc le personnage désigné pour réunir les bonnes volontés éparses, en vue d'un effort collectif. C'est pour cela que les sociétés d'épargne, les caisses des écoles, les patronages, crèches, œuvres de bienfaisance ont le maire pour président naturel. Il est le centre de toute la vie locale et l'importance de son rôle, qui grandit tous les jours, est le signe d'une société meilleure.

C'est à lui, dans le passé, que l'on doit la plus sérieuse des améliorations apportées dans le fonctionnement de l'assistance à domicile ; car, c'est Vée, le maire de l'ancien V^e arrondissement qui a conçu et organisé le service médical des bureaux de bienfaisance. C'est au maire que l'on doit l'institution des crèches, dont l'administration de l'Assistance publique a voulu se désintéresser, bien qu'il s'agisse d'établissements dont l'utilité éclatait aux yeux quand les transformations apportées dans les habitudes du travail chassaient de leurs demeures les mères-ouvrières. C'est Marbeau, maire de l'ancien Ier arrondissement, qui a fondé à Chaillot la première crèche de Paris, prenant ainsi l'initiative d'un mouvement qui s'est prolongé jusqu'à nous. C'est encore au maire que l'on doit la création et le développement des colonies scolaires de vacances ; car, si M. Cottinet n'avait pas rencontré le concours bienveillant et convaincu de la municipalité du IXe arrondissement, l'expérience de 1883 n'aurait pas été possible, et plus de 100.000 enfants, qui depuis ont profité de ces institutions, auraient perdu le bonheur et la santé qu'on organisait pour eux. Le maire est placé au centre même de la vie locale ; il sent les besoins au moment où ils s'affirment dans les familles. Il serait véritablement contraire à la raison de méconnaître les immenses services qu'il a rendus et qu'il peut rendre encore.

Il est possible qu'au bureau de bienfaisance, son pouvoir effectif soit supérieur à son droit. Il ne faut pas en avoir regret ou plutôt il faut regretter que le droit n'ait pas encore consacré un ordre de choses que la vie parisienne a imposé partout. En tous cas, il serait tout à fait inexact de le traiter d'usurpateur. On lui a demandé son concours qui est utile, et volontiers il l'a donné parce qu'il n'est pas d'exemple d'un maire à Paris qui refuse de prendre une peine nouvelle, quand elle peut servir.

D'ailleurs, s'il est vrai que le fait est le fondement du droit, il est tout à fait oiseux de discuter. Le maire a des attributions utiles, connues comme telles par tout le monde. Il est « l'expression civile de la bienfaisance publique » (1). Il faut lui laisser, avec bonne humeur, la liberté d'agir, et reléguer, dans les archives, les vieux textes. En matière de secours publics, son rôle est et doit être de premier plan.

Les administrateurs

L'administrateur est un citoyen généreux qui donne une part de son temps aux intérêts des malheureux. Sans lui, il n'y aurait pas de bureau de bienfaisance.

Il est de tous les mondes. Il y a parmi les administrateurs des riches et des pauvres, des lettrés, des fonc-

1. Martin-Doisy, *Dictionnaire de l'Economie Charitable*, t. II, p. 207.

tionnaires, des industriels, des commerçants, des em
ployés, même des ouvriers. Le plus souvent l'ensembl
du bureau représente assez bien les divers élémen
dont se compose la population générale de l'arrondis
sement.

Ils doivent être en nombre, au moins quatre par quar
tier ; mais on peut en réunir bien davantage. Presque
partout ils sont une vingtaine. Ils pourraient être deux
ou trois fois plus. Cela dépendra des idées en cours
parmi les membres de la commission qui les désigne et
du maire qui joue à ce point de vue un rôle prépondé-
rant.

Il est de bons esprits qui voudraient voir augmenter
toujours le nombre des administrateurs ; d'autres, au
contraire, condamnent cette opinion.

Ceux qui réclament l'investiture pour le plus grand
nombre possible d'administrateurs invoquent l'exemple
donné par les Allemands. Dans les grandes villes de
Germanie, les idées de solidarité sociale et de fraternité
seraient à ce point répandues qu'il y aurait un administrateur pour deux ou trois familles indigentes. Le
patron demeure près du pauvre ; il va chez lui ; le connaît, ainsi que sa famille ; il sait tous ses besoins,
n'ayant pas à dépenser ailleurs le temps qu'il con-
sacre à l'œuvre de bienfaisance. Il demande en connaissance de cause et le secours obtient ainsi son maximum d'effet.

Ceux qui émettent un doute sur les beautés de ce
système assurent que les difficultés d'une enquête clair-

pas l'obstacle principal que rencontre
lique. Ce qui manque, c'est l'argent,
oncours personnels, D'ailleurs, il faut
et c'est un art où l'expérience est néces-
ne volonté ne peut suffire. Il est d'excel-
es qui auront peine à se défendre des men-
les habiletés. Et puis, sait-on bien ce qui se
rlin ou dans telle autre ville d'Allemagne ?
s tant de peine à savoir ici-même ce qui se
Paris, qu'en vérité le doute est bien permis.
llait user d'un système analogue à celui d'Elber-
our 50.000 familles indigentes, cela ferait au
10.000 curateurs à trouver. Peut-être deux fois
; car, il peut y avoir deux fois plus de familles
rites aux secours, puisque le recensement des pau-
s n'a jamais était fait et sans doute ne le sera jamais.
mment s'y prendrait-on pour assurer le service jour-
alier de cette armée d'auxiliaires, qui tous donneraient
lieu à nomination, mutation, remplacement, encouragements, observations directes ou par correspondance,
sur toutes sortes d'objets ? Nous voulons bien croire
qu'à côté des juges fameux, il y a des administrateurs à
Berlin ; Paris n'est pas de taille à en produire autant.

Le mot « administrateur » a dans la langue courante
et surtout dans la langue judiciaire un sens qui pourrait bien égarer. L'administrateur d'une société industrielle ou financière, d'une personne vivante ou d'une
personne morale est un mandataire ou un représentant qui agit et dispose pour autrui, en engageant sa

responsabilité ; il peut avoir les droits les plus étendus, sous la réserve de rendre compte. Dans les bureaux parisiens, les responsabilités financières de l'administrateur sont presque nulles. Au contraire, il intervient dans le fonctionnement journalier des services ; c'est beaucoup moins un conseil qu'un auxiliaire permanent, un agent actif. Il se renseigne lui-même sur les demandes de secours, propose et distribue. Il visite et entend les demandeurs ; il les conseille et leur vient en aide, souvent en usant de son influence personnelle ; c'est un patron qui fixe lui-même le champ et les limites de son patronage.

Son rôle peut être envisagé à trois points de vue différents, suivant qu'on le considère au bureau, en séance plénière, à la commission des secours qui siège tous les jours, ou hors des commissions dans ses rapports directs avec les pauvres.

En séance plénière, c'est un conseiller. Il a les mêmes droits que le maire, ses adjoints et les conseillers municipaux qui sont là ses collègues. Il donne son avis et apporte la sanction de son vote dans toutes les questions qui sont soumises à la délibération du bureau. Les unes sont générales, comme l'avis sur le budget, la discussion des rapports annuels sur la marche du service, la délimitation des circonscriptions territoriales, l'organisation des quêtes ; les autres sont individuelles, comme l'allocation de certains secours, la discussion des candidatures pour les fonctions de commissaire ou de médecin du bureau. Sa figure ici ne manque pas d'intérêt, mais elle n'est pas originale. Il agit comme membre d'une assemblée délibérante ; il a toutes les qualités et tous les défauts qui sont la suite des fonctions de ce genre. Pourtant il est appelé à prendre parti sur des questions qu'il connaît bien ; et. à ce titre, il se distingue.

A la commission des secours, c'est un juge. Sous la présidence du maire ou d'un adjoint, il prend une décision sur les demandes de secours qui sont adressées au bureau. Il s'agit, dans tous les cas, de savoir s'il convient de donner et dans quelle mesure. Il peut se poser, à cette occasion, des questions de compétence. tout à fait délicates ; de même, pour déterminer la quotité des secours, il ne suffira pas de reconnaître combien il faut donner pour agir utilement ; il faudra encore tenir compte de la limite des ressources dont on dispose. Ainsi, à tout moment, apparaissent des raisons d'hésiter qui sont jugées en équité, non en droit ; car, les règles de compétence et de distribution ne sont pas définies. En somme, la commission des secours décide arbitrairement ; mais cet arbitraire est le fait de plusieurs, qui tous sont de bonne foi, qui tous ont sous les yeux des notes d'archives et des renseignements d'enquêtes, réunis pour éclairer leur jugement.

Dans ses rapports directs avec les pauvres, l'administrateur a une grande liberté d'allures. On lui a confié les malheureux inscrits qui, dans les limites d'une circonscription territoriale, reçoivent des secours mensuels. Il doit leur remettre, tous les mois, leurs titres de se-

cours et, généralement, les assister. Il va les visiter
chez eux, ou les invite à venir le voir. Il prend connaissance de leurs demandes et sollicite pour eux, quand
il croit devoir le faire, des secours supplémentaires ou
une augmentation de leurs secours périodiques. Il fait
valoir leurs titres, quand ils concourent pour l'obtention d'un prix de fondation, qu'il s'agisse d'un livret de
caisse d'épargne, d'une somme d'argent ou d'une rente
viagère. Il les présente pour l'admission dans un hospice
et leur sert de patron dans tous les actes de la vie. Il
suffit de réfléchir un moment pour percevoir jusqu'où
peut s'étendre l'action de l'administrateur. On l'a désigné pour aider, recommander et patronner plusieurs
dizaines de malheureux qui tous ont des besoins divers
et en première ligne des besoins d'argent. Naturellement,
il est assiégé. Il faudra qu'il propose en connaissance de
cause et qu'il apporte dans sa mission d'assistance une
attention soutenue et réfléchie.

On a voulu la suppression des réceptions, disant :
elles sont inutiles, puisque les administrateurs n'ont
plus rien à distribuer. C'était aller plus loin que le décret
de 1895 ; c'était de plus heurter de front les tendances
et la volonté de plusieurs bureaux.

Autrefois, nous voulons dire sous le régime de 1886,
les administrateurs pouvaient donner eux-mêmes, sur
des bons qu'ils signaient, de l'argent et des objets de
consommation ou d'habillement. Il leur était ainsi possible d'attribuer immédiatement, sans aucune formalité, tout le secours qu'une situation d'extrême misère

paraissait comporter. Mais, en même temps, chacun savait qu'ils pouvaient faire des distributions : et ils se trouvaient exposés à de véritables assauts. Aux jours de réceptions hebdomadaires, tous les malheureux, qui dans une division pouvaient marcher, se trouvaient réunis à la maison de secours pour réclamer leur part du carnet de chèques. Combien, parmi les administrateurs, ont eu la force de résister ? Beaucoup croyaient bien faire en donnant le plus possible ; ils dépensaient ainsi tout l'argent qui leur était confié, en des secours d'autant moins efficaces qu'ils étaient plus nombreux. Il n'était pas rare, à cette époque, de rencontrer des malheureux qui obtenaient des allocations de un ou deux francs ; le plus souvent, c'était cinq francs qu'ils recevaient et rarement davantage. Il n'y a donc pas lieu de regretter un état de choses où les plus hardis, parmi les indigents, étaient favorisés ; où l'énergie des administrateurs était soumise à trop forte épreuve, puisqu'il leur suffisait, pour avoir la paix, de disperser leurs crédits en une poussière d'aumônes.

Mais, autant cette réception était fâcheuse quand l'administrateur pouvait donner, autant elle devenait nécessaire depuis qu'elle n'avait plus, pour seul objet, que d'offrir aux malheureux le moyen d'exposer leurs besoins, en prouvant leur misère. Nombreux sont ceux qui ne peuvent écrire, parce qu'il ne savent pas, ou bien qu'ils sont trop vieux. Ne sait-on pas, d'ailleurs, qu'en une conversation de quelques minutes, on obtient des indications ou des impressions qui valent bien des lettres ? La réception est une nécessité, si l'on veut faire du patronage. Plusieurs bureaux l'ont compris, et en dépit des directions contraires, ont su défendre et maintenir, sur ce terrain, leur liberté d'action.

Une autre objection, c'est qu'en usant des réceptions, les administrateurs pourraient s'éviter la peine, tous les mois, de remettre, à domicile, les cartes de secours de leurs inscrits. C'est pour si peu qu'on a compromis, et parfois totalement détruit, un organisme tout à fait utile. Il peut toujours arriver qu'une liberté rende un abus possible ; mais, il s'agit de savoir si l'abus sera plus grave que la règle inflexible, et nous l'allons bien voir.

L'idéal déclaré est de remettre en mains propres, à domicile, les titres périodiques de secours. Chacun sait que l'idéal est un but où l'on tend, mais sans jamais l'atteindre, et dont il conviendrait d'approcher le plus possible. Pratiquement, vers le 25 ou le 26 de chaque mois, on remet aux administrateurs les cartes nominatives de secours dont leurs indigents sont titulaires ; on ne peut le faire plus tôt parce qu'il faut tenir compte de toutes les mutations, provenant de décès, changements d'adresses, radiations, promotions à des secours supérieurs, le travail portant sur une population de plusieurs milliers d'individus. L'administrateur doit mettre sur la carte sa signature, qui vaut certificat de vie ; puis, il la fait parvenir. Pour cela, il a trois ou quatre jours ; car, la caisse est ouverte le 1er de chaque mois ; et l'effectif d'une division varie de 20 à 100, ou 150 personnes. Se figure-t-on la peine qu'il faudrait prendre pour faire, en quatre jours, 150 visites, souvent au sixième étage des maisons ? Il en est qui l'ont fait ; et, ce faisant, ont constaté combien l'intérêt était mince. Ou bien ils n'avaient pu trouver chez eux les gens qu'ils cherchaient, ou bien leur visite s'était bornée à une simple remise, sans apporter aucune indication, nouvelle sur la situation des personnes. Alors, il est devenu de pratique courante de déposer les cartes, sous plis fermés, chez les concierges. Quand bien même la réception menacerait cet usage, ce qui d'ailleurs n'est pas exact, on ne voit pas, en vérité, où serait le danger.

Ce qui frappe davantage, c'est le doute dont quelques-uns menacent les aptitudes, l'impartialité, la valeur sociale de l'administrateur.

Nous voyons bien l'accusation. L'administrateur reçoit gratuitement le *Bulletin municipal officiel* ; il est invité à certaines cérémonies ; il est membre d'un corps constitué ; il peut prétendre aux distinctions honorifiques ; il a des droits ; prend des décisions ; son avis est demandé ; et volontiers, il se figure que son personnage est d'un poids qui compte dans le fonctionnement régulier des services. Une satisfaction d'amour-propre, voilà donc ce qui apparaît comme le mobile déterminant de sa présence ?

Si l'on jugeait ainsi, on ferait à coup sûr un jugement téméraire. Quel est donc, dans le monde, l'être pensant qui n'a pas sa part de vanité et d'égoïsme ? Certes, il s'agit là de défauts détestables ; mais on voudrait savoir s'ils ne sont pas à l'origine de beaucoup de nos actes, même parmi ceux qui passent pour méritoires.

Mais tous ces avantages, énumérés avec complaisance, et qui de loin éveillent le désir, de près, ils ne sont rien. On a vite fait de constater quel vide il y a dans les colonnes du *Bulletin municipal* ; c'est à peine si, tous les jours, on en détache la bande. Les fêtes publiques reviennent une fois par an. Les distinctions honorifiques ne s'obtiennent pas par les services qu'on rend, mais par les amis qu'on a. Les droits, c'est de donner, par mois, quelque 50 ou 60 francs, au milieu d'un concert de malédictions. En vérité, le profit qu'on espérait s'est évanoui ; il reste seulement la besogne à faire, qui donne de la peine. Et tous demeurent. C'est par dizaines d'années que l'on compte les services des administrateurs. Quand ils s'éloignent, c'est qu'une circonstance impérieuse a modifié leur genre de vie ; ils le disent avec une expression de regret. Va-t-on soutenir maintenant qu'il en est parmi eux qui sont guidés par l'intérêt ? Ils ont tous, sous les yeux, le spectacle saisissant de la vie humaine ; ils ne peuvent s'en détacher. En plus, il leur arrive de sentir qu'ils sont utiles. Cela suffit pour qu'ils aiment leurs fonctions.

L'autre part du reproche est aussi de nature à inquiéter profondément ; elle met en question l'intime conviction de l'administrateur, c'est-à-dire l'essentielle qualité que la société tout entière est en droit d'exiger, de lui comme du juré du jury criminel. Car, il s'agit de porter des jugements redoutables sur la vie de ses semblables, sur les causes de la misère, sur l'aide qu'il faut donner ou refuser. La décision à prendre dépasse de beaucoup en importance le poids du secours qu'on peut remettre. Sans doute personne n'a l'idée de prêter à l'administrateur des préoccupations confessionnelles ; mais on le sait l'ami ou l'adversaire des hommes politiques de son arrondissement. S'il allait mettre ses fonctions au service de ses passions ? Il est incontestable que l'administrateur est en plein centre de toute la vie politique locale. Il exerce un mandat public et se trouve naturellement porté à dépenser ailleurs qu'au bureau de bienfaisance le besoin qu'il a d'agir. C'est pour cela qu'on le rencontre partout : à la caisse des écoles, à la commission d'hygiène, dans les patronages, dans toutes les sociétés et tous les comités. Il est venu là, spontanément ou sur la demande du maire et des organisations elles-mêmes, qui savaient trouver au bureau une réserve permanente pour le recrutement des concours bénévoles. Ce n'est pas une raison pour en faire un suspect. Ses qualités morales n'en sont pas diminuées. Bien au contraire, il en a autorité plus grande. Quand un élu, conseiller municipal, député ou sénateur, tentera près de lui une intervention en faveur d'un misérable, il n'aura pas d'hésitation pour donner tout entière son opinion. Ou bien il la dira à son ami qui le connaît, ou bien il répondra à un adversaire qui examinera de très près sa réponse, si elle n'est pas favorable. Quant aux préférences qu'il peut avoir, pourquoi donc les mal juger et le croire incapable d'une rectitude de conscience qu'on accorderait à d'autres ? Un fonctionnaire serait plus suspect ; car, lui aussi, pourrait avoir des sympathies et des antipathies ; de plus, ses décisions seraient moins libres, pouvant être dominées par la peur ou l'intérêt.

On voit qu'il y a deux tendances, deux opinions, sur le rôle que doit jouer l'administrateur. Les uns veulent réduire au minimum ses attributions ; les autres prétendent au contraire qu'il doit être le seul dispensateur des secours.

L'administration de l'Assistance publique est placée sous un régime de centralisation absolue. L'autorité du directeur intervient dans les plus menus faits de la vie intérieure des hôpitaux et des hospices ; les divers agents de la hiérarchie bureaucratique ne peuvent comprendre l'existence, à côté d'eux, de fonctionnaires indépendants. Partout ailleurs le directeur commande ; dans les bureaux, du moins en ce qui concerne les administrateurs, il ne peut que conseiller. Ce n'est pas lui qui les nomme ; ce n'est pas lui non plus qui les juge, quand il y a lieu d'avertir ou de punir. Alors, tous les grands chefs, qui sentent leur impuissance, demandent qu'ils disparaissent. Ils parlent au nom de l'unité de direction ; ils invoquent la responsabilité du directeur ; ils dénoncent les règlements et circulaires dont l'application n'est pas assurée ; surtout, ils disent que le concours de ces auxiliaires bénévoles peut faire défaut, par exemple, pendant les mois de vacances, et que les secours publics ne peuvent chômer. Ils voudraient que l'assistance à domicile fût assurée par des fonctionnaires à leurs ordres, comme il est d'usage dans les services hospiciers.

Les administrateurs et les maires se rendent compte qu'ils sont en fait, sinon en droit, les véritables représentants des pauvres. Seuls, parmi les autorités qui décident, ils sont directement en contact avec la misère. Ils ont donc la conscience éclairée des besoins et ils réclament les moyens d'action nécessaires. En même temps, ils sentent que la résistance qu'on leur oppose est tendancieuse. Alors, ils n'ont confiance qu'en eux-mêmes. Ils n'ont pas le bénéfice d'une considération qui, à leurs yeux, devrait s'imposer; en retour, ils se méfient toujours des actes de l'administration. Ils voudraient avoir dans les mains tous ses pouvoirs.

Ainsi, il existe un antagonisme certain entre l'autorité bureaucratique et les aspirations du personnel bénévole. Il conviendrait pourtant de reconnaître qu'on ne peut pas se passer pour l'administration des secours du concours personnel des gens de bien, et que, d'autre part, il appartient à l'autorité supérieure de préciser les limites de leur compétence. Le mieux serait de charger les administrateurs eux-mêmes de composer cette autorité supérieure, qui pourrait être une sorte de conseil central. Ainsi les méfiances se dissiperaient et l'on pourrait formuler les règles d'ensemble dont l'absence se fait sentir.

Car, il est clair que l'administrateur n'est pas un

employé. On ne peut lui demander de faire, qu'après avoir pris l'assurance de son acceptation et de son aptitude. Il est inutile de vouloir lui imposer l'assiduité ou tel labeur qu'il ne demande pas. Avec lui il n'y aura pas même de discussion ; on constatera seulement qu'il fait défaut. De même, si on ne fait pas bon accueil à l'initiative qu'il veut prendre, en se chargeant par exemple d'une quête ou d'un rapport ; ce sera sans retour un concours perdu, car il n'insistera pas pour faire don de son temps. Il s'agit de gagner sa confiance, d'éveiller son intérêt, afin qu'il fasse de lui-même une offre acceptable. Imaginez deux hommes dont l'un confie à l'autre ses embarras, ses efforts pour en sortir, les éventualités qu'il redoute, les circonstances favorables qu'il espère ; celui qui reçoit les confidences est disposé à tenter quelque chose pour aider son semblable. Et si par aventure il obtient quelque léger avantage, de suite il devient l'allié, l'ami de son obligé qui pourra tirer de lui-même un effort pénible. Il semble qu'en matière de secours publics, il serait bon d'agir ainsi. Il faut que l'autorité fasse connaître le but de sa mission ; qu'elle en démontre l'utilité ; qu'elle dise les moyens dont elle dispose ; ceux qui lui manquent ; en un mot qu'elle appelle sur ses actes le contrôle de l'opinion publique en éveillant son intérêt et sa bienveillance. Alors, il viendra de tous côtés du monde pour l'aider, et cette foule ne sera pas hostile.

Il est à peine croyable que ce point de vue ne soit pas universellement accepté. Il a pour lui la tradition

aussi bien que l'usage. Avant 1789, il y avait dans les
bureaux de charité des paroisses des agents chargés du
rôle actuel de l'administrateur. Depuis l'époque révolutionnaire, on peut dire qu'à aucun moment on n'a cessé
d'utiliser un tel concours. Quant au fait actuel, ils sont
plus de quatre cents en fonctions qui seraient bien surpris d'apprendre que, dans le passé, on a voulu leur
déchéance.

Aujourd'hui, l'institution des administrateurs se
trouve consolidée. La mise en application de la loi de
1905 sur l'assistance aux vieillards, aux infirmes et aux
incurables légalise, si l'on peut ainsi parler, leurs fonctions. Le caractère essentiel de cette loi découle du
principe de l'obligation. Il ne s'agit plus pour le malheureux de solliciter un secours, mais de réclamer le paiement d'une véritable créance ; l'administration n'a plus
la charge de distribuer, au mieux, les fonds qui lui sont
confiés, mais d'assurer la reconnaissance et la jouissance
des droits de chacun. Pour cela, on fait appel à l'administrateur

C'est lui qui examine la situation des demandeurs et
qui, dans un rapport écrit, exprime son opinion. Le
bureau de bienfaisance fait ensuite une proposition tendant à l'admission ou au rejet de la demande ; mais, il
est clair qu'une telle décision est dictée le plus souvent
par l'avis de l'administrateur, et que, le plus souvent
aussi, la décision de l'autorité supérieure sera déterminée par la proposition du bureau. D'ailleurs, s'il en
était autrement, le bureau aurait éventuellement un

droit de recours collectif et l'administrateur pourrait être appelé à défendre ses conclusions devant la juridiction d'appel. — C'est lui, encore, qui est chargé d'assurer le paiement des allocations d'assistance. Il a le devoir de constater, tous les mois, l'existence des bénéficiaires de la loi et de leur remettre un certificat pour le paiement de leurs mensualités. De même, si par suite de circonstances nouvelles, qu'il aura constatées, les services d'assistance devaient modifier la portée de leur intervention, c'est lui qui est désigné pour provoquer les décisions nécessaires. Ainsi le rôle de l'administrateur apparaît comme capital. Il est l'agent qui actionne, appuie ou contrôle les actes de l'administration.

Il a des obligations précises qui engagent sa responsabilité. Il ne pourrait pas signer la carte d'un malheureux, qui est décédé, dans la pensée de secourir l'un des siens, qui serait dans la misère ; non plus, refuser de certifier l'existence d'un inscrit sur la liste d'assistance, pour la raison que l'allocation, dont il est titulaire, lui paraîtrait trop forte ou mal donnée ; il ne pourrait pas, davantage, écarter sans examen une demande d'admission, parce qu'elle serait, à ses yeux, inacceptable. Dans toutes ces hypothèses, son devoir est défini par la loi : le secours appartient au seul titulaire ; il doit son ministère au malheureux qui est en droit de le réclamer, mais il peut proposer une réduction ou la suppression du titre d'assistance ; il doit un avis sur la demande d'admission, mais il peut conclure au rejet de cette demande. S'il arrivait qu'un administrateur refusât de se conformer à ces prescriptions, des sanctions administratives pourraient intervenir, car il y aurait infraction à des devoirs certains. De même, si la décision prise sur son rapport était suspecte de complaisance ou d'inhumanité, toute personne quelconque, même de simples habitants, pourrait en demander l'annulation devant les tribunaux de la nouvelle justice d'assistance. L'administrateur ne fait pas ce qu'il veut, il fait ce qu'il doit, dans des formes qui sont obligatoires. Il n'est plus le patron dégagé de toute entrave dans son initiative ; il est un auxiliaire de justice.

Cependant, le patronage de l'administrateur. à l'égard des malheureux, est encore nécessaire. Il s'exercera d'abord dans le domaine de l'assistance facultative qui n'a pas disparu ; tous ceux qui ont besoin de secours, bien qu'ils ne soient ni vieillards, ni infirmes, relèvent encore de l'ancienne législation. Ce patronage sera, en outre, indispensable pour le fonctionnement du nouveau régime. Les justiciables de la loi de 1905 ont besoin de conseils. C'est à peine s'ils peuvent avoir connaissance des décisions qui sont prises à leur égard. Sans doute, s'ils sont admis, la carte qu'ils reçoivent à la fin de chaque mois leur tiendra lieu d'avis ; mais, s'ils sont écartés, ils ne pourront régulièrement l'apprendre qu'en consultant, aux dates légales, la liste d'inscription déposée dans les bureaux de bienfaisance. C'est alors seulement que naîtra, pour eux, le droit au recours. Ces gens, qui sont incapables physiquement ou moralement, ne peuvent pas présenter eux-mêmes une réclamation ; ils peuvent encore bien moins, s'ils l'ont faite, la soutenir devant un tribunal. Il leur faudrait, pour cela, connaître la loi, être informés des délais d'appel, des formes à observer pour présenter une requête, lire et comprendre les affiches, répondre aux convocations, apporter les justifications et les explications nécessaires, en un mot faire preuve d'une vigueur intellectuelle dont ils sont totalement dépourvus. C'est l'administrateur qui doit leur servir de guide. Il doit être leur avocat et leur agent d'affaires devant la nouvelle justice d'assistance.

On voit combien le rôle de l'administrateur devient à la fois délicat et important. S'il veut le remplir complètement, il lui faudra posséder beaucoup de connaissances qui, jusqu'ici, ne lui étaient pas nécessaires. Souhaitons que tous ces hommes se rencontrent et se concertent, qu'ils profitent mutuellement de leur connaissances et de leur expérience, et surtout, qu'ils soient aidés, dans ce mouvement vers l'étude, par les pouvoirs publics dont ils sont et doivent être les auxiliaires directs.

*
* *

Les conseillers municipaux

Les conseillers municipaux sont entrés dans les bureaux à la suite du décret de 1895, forçant les portes et faisant quelque bruit. Les administrateurs à ce moment étaient fort mal en cour, ou mieux les circonstances

étaient pour eux défavorables. Ils passaient pour balancer en influence les élus de l'Hôtel de Ville. Ils ont
failli périr. Nous savons qu'ils avaient, et ont encore,
des adversaires. L'un d'entre eux, qui n'était pas recom-
mandable, avait sur la conscience une défaillance coupable : il payait sa domestique avec les bons de pain
qu'il était chargé de distribuer. Rigoureusement, cela
valait la cour d'assises et c'est bien là qu'on l'a traduit.
En même temps, la défaveur se répandait sur l'ensemble de ses collègues qui à ce moment étaient 240, 12 par
arrondissement. Sans doute, on aurait pu penser que
les fautes sont personnelles, que toutes les professions,
toutes les corporations abritent dans leurs rangs quelques membres indignes. Mais on voulait généraliser et
l'occasion paraissait bonne. Le Conseil supérieur de
l'Assistance publique, puis le Conseil d'Etat n'ont pas
été si loin dans les travaux préparatoires du décret. Ils
ont annulé quelques-uns des pouvoirs des administrateurs, mais ils ont gardé les personnes et l'ensemble de
leurs fonctions. Maintenant qu'ils se connaissent, administrateurs et conseillers municipaux ne sont pas mal
ensemble.

Au bureau de bienfaisance, la présence des conseillers municipaux se manifeste de diverses façons : ils écri-
vent pour recommander ; ils assistent aux séances de
quinzaine ; ils participent à la nomination des administrateurs ; enfin, ils évoquent devant le conseil
municipal les affaires de leurs bureaux.

Rien n'est curieux comme une réception de conseiller municipal. Le local est tantôt un rez-de-chaussée, un entresol, ou une boutique, aménagés spécialement pour cela ; tantôt le domicile personnel de l'élu. On a pour s'asseoir, ici des bancs, là de bons fauteuils épars sur des tapis ; partout, on a le temps d'observer, car il faut beaucoup attendre pour joindre le maître de la maison. Certaines salles reçoivent par séance vingt, cinquante, cent personnes et davantage. On trouve ensemble des élégants, des gens modestes et des mendiants. Les uns sont manifestement des habitués ; ils connaissent les lieux, les domestiques, aussi ceux qui sont là ; ils s'abordent, causent de leurs affaires, de leurs souvenirs, de leurs projets. Ils sont chez eux. Les autres viennent en éclaireurs. Ils ont le projet de tirer parti de l'influence du conseiller ; leur secret transpire dans toutes leurs manières, dans les regards inquiets qu'ils promènent sur leurs voisins. En somme, tout le monde est là pour demander : pour soi-même ou pour d'autres, pour de très grosses affaires ou pour de simples secours. A Paris, l'habitude est prise d'aller chez le conseiller toutes les fois qu'on se trouve en instance auprès de l'administration. Le plus souvent, on sera satisfait par une simple apostille. Et comme il s'agit de concours à donner aux électeurs, aux juges de demain, vous pensez que l'élu n'est pas porté à résister. De chez lui, sort une montagne de requêtes, dont une bonne part s'écoule vers le bureau de bienfaisance.

Généralement, au lendemain d'une élection, le nouveau représentant du peuple parle en maître ; déjà, comme candidat, il avait monté, jusque-là, le timbre de sa voix. Mais, bien vite, il s'aperçoit que ses clients peuvent le tromper et qu'ils ne s'en privent pas. De plus, il rencontre au bureau les administrateurs, qui parfois ont suivi de très près sa campagne électorale, qui en tous cas ont avec lui des relations communes. Ils donnent leurs raisons pour admettre ou refuser ; et comme décidément leur bonne foi n'est pas douteuse, l'entente finit par s'établir, même entre ceux qui sur le terrain politique ne passent pas pour amis. Le conseiller demande seulement qu'on lui réponde : c'est-à-dire, qu'on lui fasse connaître la décision prise sur la demande qu'il a dû patronner. Dans quelques quartiers on fait usage d'imprimés tout préparés où la place est ménagée pour la réponse ; il suffira d'un trait de plume ou d'un chiffre hâtif pour révéler le renseignement réclamé. Nous savons bien que parfois les choses pourront se passer autrement. Il y a des caractères intraitables ; il peut y avoir des temps houleux. Mais habituellement, l'intervention des conseillers, quand elle n'est pas justifiée, peut facilement être écartée. Le fait est qu'ils ne sont pas une cause de trouble dans l'administration des secours publics. Aucun incident grave ne s'est produit, sous ce rapport, depuis le décret de 1895.

Aux séances de quinzaine, les conseillers pourraient avoir une utilité de premier ordre. C'est là qu'il est question des intérêts généraux de la population pauvre de l'arrondissement ; c'est là qu'il est donné lecture de

toute la correspondance échangée avec l'administration.
On peut donc se rendre compte des besoins et des
moyens dont on dispose pour y parer. Seulement, il
faut subir le monotone examen d'un ordre du jour où
les affaires à intérêt sont comme noyées sous la masse
des autres qui sont banales. Au même moment, à
l'Hôtel-de-Ville, se poursuit une discussion publique,
ou des travaux de commissions. Le conseiller a bien
envie d'abandonner la mairie de quartier pour la mairie centrale. En fait, ils sont souvent absents. Ils viennent de temps en temps. Toujours, plusieurs fois, au
début de leur mandat ; et, dans la suite, quelquefois,
afin qu'on ne dise pas, en période électorale, qu'ils
négligent les pauvres. Même réduite à de telles proportions, leur collaboration est utile. D'abord, il en est,
parmi eux, qui sont assidus ; quant aux autres, ils sont
gens qu'on peut voir, à qui l'on a déjà parlé, qui seront
abordables si quelque affaire peut utilement être confiée
à leurs bons soins. En plus de tout cela, l'administrateur n'est plus isolé ; le bureau a gagné en importance ;
bien que d'un peu loin tous ses membres sont collègues. Il n'y a plus à craindre un mouvement d'opinion
semblable à celui qui a précédé notre décret.

Les conseillers concourent à la nomination des administrateurs. Chaque année, plusieurs d'entre ceux-ci
sont d'une série sortante ; il faudra proposer le renou-
vellement de leurs pouvoirs et pourvoir aux postes
vacants. Le travail est habituellement préparé par le
maire ; mais le conseiller peut discuter les choix, et

s'il manque quelquefois les séances du bureau, il oublie rarement les réunions de la commission spéciale. C'est que là on discute sur des noms qui ont une notoriété de quartier. La commission est un collège électoral aux dimensions réduites ; et nous savons qu'en régime démocratique, les opérations de ce genre ont un attrait particulier. Il se dépense à cette occasion tant d'ardeur que tous les ans le préfet de la Seine doit répondre à une ou plusieurs interpellations : c'est un nom qui n'a pas le bonheur de plaire, c'est un conseiller qui n'a pas reçu en temps utile la lettre de convocation ; c'est un quartier qui se trouve favorisé. A la vérité tout cela n'est pas bien grave ; mais il convient d'en retenir que les choix sont très soigneusement pesés, contrôlés et que par suite ils sont sérieux.

Nous avons dit que le conseiller portait volontiers devant le conseil municipal les affaires de son bureau. C'est le propre de tous les corps élus de faire ainsi retentir les tribunes de leurs réclamations et d'en appeler à l'opinion publique. Quand l'assemblée a dans les mains autre chose que son vote ; ou mieux, quand son vote comporte des sanctions, l'agent d'exécution peut être responsable. Il devra se soumettre aux délibérations ; et s'il ne peut pas, ou ne veut pas, il devra s'en aller. Le conseil n'a pas un tel pouvoir. Surtout, en matière de personnel, ses décisions ne valent que comme avis. Notre conseiller aura donc le moyen d'attirer sur un point qui a pu l'émouvoir l'attention du préfet. Là se borne son pouvoir. Mais il est d'importance ; car, si l'affaire est topique, si le raisonnement porte bien, il faudra en tenir compte, à cause de l'opinion. Ainsi, par le conseiller, le bureau se trouve avoir une part dans la vie générale de la cité. Il n'est plus l'établissement public qui vivotait à l'ombre, avec ses intérêts et ses petits secrets. Il est, ou peut être, en pleine lumière, capable de s'inspirer des aspirations générales qui dominent la société moderne.

La Commission de présentation

« Les administrateurs sont nommés pour quatre ans par le préfet de la Seine et choisis sur une liste double de candidats proposés par une commission spéciale comprenant le maire, les adjoints, les conseillers municipaux de l'arrondissement et quatre habitants désignés par le directeur de l'Assistance publique. »

Quand, pour la première fois, il y a douze ans, on a dû faire application de ce texte, le directeur s'est trouvé dans un réel embarras. Il s'agissait pour lui de désigner, dans les vingt arrondissements, quatre mandataires, capables de balancer en influence les fonctionnaires municipaux et les élus de quartiers. Car l'idée maîtresse du décret était de mettre en présence trois forces égales. Il pourrait être objecté que les maires sont souvent six et non pas quatre comme les élus.

Mais le législateur ne peut pas tout savoir ; il ne peut faire des lois parfaites. Il ne se doutait pas non plus, que le directeur aurait tant de peine à découvrir ses quatre électeurs que partout il a fait appel au maire, pour l'aider. En sorte que l'élément « fonctionnaires municipaux » dispose, suivant les arrondissements, de huit, de dix ou de douze voix. c'est-à-dire d'une écrasante majorité. Quant au directeur, il se trouve n'être pas du tout représenté, ce qui d'ailleurs n'était pas nécessaire, ainsi que l'expérience l'a démontré.

Ces quatre-vingts électeurs, quatre par arrondissement, sont de très gros messieurs. Il y a parmi eux des membres de l'Institut, de très hauts magistrats, des personnalités connues dans le monde des sciences, des lettres, du commerce et de l'industrie. On dirait la liste des membres d'honneur d'une importante société d'études sociales. Assurément, ce sont gens en qui l'on peut avoir confiance et qui ont aptitude pour remplir un mandat. Le seul reproche à leur faire, c'est qu'ils sont bien loin du bureau pour en comprendre les besoins. Si l'on veut un jour créer la représentation des pauvres, nous avons là l'embryon, mais l'embryon seulement, d'un corps électoral à définir et à étendre.

Ils viennent à la mairie une fois par an. On pourrait les réunir plus souvent ; toutes les fois qu'une vacance se produit parmi les membres du bureau ; mais, on hésite à les déranger, quand la nécessité n'est pas pressante. L'habitude dans la plupart des arrondissements est de ne faire qu'une seule séance par année, pour proposer la réinvestiture des administrateurs sortants, et discuter les canditatures nouvelles.

Il nous semble que, dans presque tous les cas, les quatre habitants n'ont rien de mieux à faire que d'approuver le maire. Ils ne connaissent pas les personnes ; ou, si les noms ont été prononcés autrefois devant eux, cela remonte si loin, dans le passé, qu'ils n'ont pas de souvenirs précis. De plus, le maire est ordinairement entouré de tous ses adjoints qui le soutiennent. Est-il un moyen d'échapper à l'influence d'un tel milieu? Ils sont plutôt témoins, qu'électeurs véritables.

Il y a bien parmi eux un personnage qui pourrait avoir une opinion personnelle. Presque partout on a prié le juge de paix d'accepter un de ces postes. Il a par ses fonctions un certain contact avec la population malheureuse. Il a notamment le dur devoir de tenir, tous les trimestres, l'audience où il ordonne les expulsions. Ce sont là de bonnes raisons qui expliquent sa présence en ce lieu. Malheureusement, il change trop souvent. Le juge de paix est souvent à Paris un ancien magistrat qui n'avait point encore de droits acquis à la retraite quand est venue la limite d'âge. Le tribunal de paix va lui donner le moyen d'acquérir les deux ou trois années qui lui manquaient pour gagner le repos. De plus, ce n'est pas toujours un habitant au sens précis du mot ; car, rien ne l'oblige à demeurer près de la mairie où il rend ses sentences. Il pourra donc lui manquer l'esprit local qu'on désirerait, sans doute, trouver chez l'habitant.

Tout cela nous amène à penser que les quatre électeurs ne sont ni assez nombreux, ni assez informés. Un jour viendra peut-être où l'on cherchera le moyen de les associer plus intimement au fonctionnement du bureau de bienfaisance.

*
* *

Les commissaires de bienfaisance

Les commissaires de bienfaisance sont assez mal connus. C'est regrettable. Non pas que leurs fonctions soient très nettement définies, mais ils sont une foule : trois cents, dans certains bureaux ; toujours une trentaine, dans les autres. Ils forment le centre naturel de recrutement des administrateurs.

Ils sont nommés par le préfet, sur la proposition peu convaincue du directeur de l'Assistance publique. La demande est venue du maire, ou du bureau, ou d'un administrateur tout seul. Le décret, là-dessus, est tout à fait imprécis. Il ne dit pas non plus qu'elle doit être la durée de leur mandat. C'est un avis du conseil de surveillance qui a fixé ce point : tous les deux ans, il faut renouveler leurs pouvoirs. On croit peut-être, en haut lieu, qu'un commissaire vaut la moitié d'un administrateur.

A l'intérieur d'un bureau, leur répartition entre les divisions n'est pas régulière : tel administrateur n'a pas de commissaire, alors que son voisin en occupe cinq ou six. Et si l'on regarde d'un peu près ce qu'ils font, les différences sont tout aussi sensibles : tel est si bien de la maison qu'il a tout l'extérieur d'un administrateur ; tel autre en est si peu qu'on oublierait jusqu'à son nom, s'il ne venait le rappeler, lui-même, la veille du jour du bal à l'Hôtel de Ville.

En Amérique, on appelle incongrument « agents salariés » les employés rétribués qui sont attachés aux institutions de bienfaisance ; et on les oppose aux auxiliaires bénévoles, ici nos commissaires, dont les fonctions sont gratuites. Le décret de 1895 ayant fait opposition semblable, l'opinion s'est trouvée insidieusement invitée à choisir entre ces deux catégories de personnes. Dans quelques arrondissements, c'est le maire ; dans d'autres, c'est le bureau qui se sont nettement prononcés contre les agents salariés, pour les auxiliaires bénévoles. Leur pensée était de réduire les dépenses de l'administration et de mettre directement en contact les citoyens de bonne volonté et tous les demandeurs, quelle que fût leur situation. Ainsi, toutes les enquêtes peuvent, dans certains arrondissements, se trouver confiées aux commissaires. Il en faut alors un si grand nombre qu'on sollicite tous les concours. Il y a des nominations qui sont heureuses et d'autres qui réservent de graves mécomptes.

La première chose à réclamer d'un visiteur, c'est de faire vite ; car, si la demande est fondée, le secours doit être urgent. Or, on s'adresse précisément à des hommes qui ont d'autres affaires et qui ne peuvent concevoir que leur mandat leur impose une obligation principale faisant obstacle à leurs occupations professionnelles. Ils ont donc une tendance ordinaire à ne pas se presser ; et, s'il est fait violence à leurs intentions, ils se retirent brusquement portant dans les services un trouble d'autant plus sérieux qu'il est plus répété.

Les esprits chagrins ont déjà fait reproche à l'administrateur d'être en place pour le titre. Nous avons vu que c'était injustice ; bien que, parfois, quelques rares exceptions rendent explicable cette injustice. Pour les commissaires, l'exception est beaucoup plus fréquente. Il est même quelques faits qui précisent, de leur part, le calcul d'intérêt : celui-ci, par exemple, qui, au lendemain de sa nomination, demande hardiment les palmes académiques. Tout cela, sans doute, explique ce sentiment de méfiance qu'il n'est pas rare de constater chez l'administrateur à l'égard des commissaires. Il compare son expérience, ses services à ceux de ses demi-collègues ; volontiers, il insiste sur la distance qui les sépare ; en même temps, il se sent offensé de certaines situations, connues pour équivoques ; et il redoute l'esprit d'entreprise d'hommes qui, à son sens, n'hésiteraient pas à se saisir de ses attributions, si l'occasion s'offrait.

Un tel état d'esprit n'est pas toujours injustifié ; mais prenons garde à lui. Tous ceux qui ne cherchaient au bureau qu'une simple satisfaction d'amour-propre et qui pensaient ne pas avoir grand'chose à faire, ne tardent pas, d'eux-mêmes, à disparaître. Au jour le jour, il se fait un incessant travail d'épuration. Les éléments instables sont écartés. Il reste le meilleur, dont nous allons parler.

L'administrateur, s'il s'occupe bien de son affaire, a sur les bras un très lourd travail. Il a les enquêtes, les réceptions, les séances de commissions, les quêtes, le port à domicile des titres de secours, les démarches auprès des administrations et des particuliers. Il éprouve très vite le besoin d'être aidé. Pour cela, il n'est pas rare qu'il demande la collaboration d'un parent, d'un associé, ou d'un intime ami. Au bout de peu de temps, l'administrateur se trouve ainsi comme dédoublé ; et personne ne sera surpris, un peu plus tard, d'apprendre que ce parent, cet associé, cet ami, a été proposé par le maire au choix de la commission de présentation. A côté d'eux, prennent place ceux qui, par simple politesse, acceptent leur affiliation au bureau de bienfaisance. Un administrateur leur a demandé leur adhésion ; et ils se sont engagés, comme ils l'auraient fait pour une œuvre privée ou pour une société ; le souci même d'une cotisation à payer n'existe pas ici. L'administrateur tient à eux pour eux-mêmes, non pas pour leurs services ; il craindra d'en abuser. C'est l'avenir qui dira si l'initiative qu'il a prise s'adresse à un indifférent ou bien à un concours précieux.

Il peut encore arriver qu'un employé, un commerçant, ou bien un citoyen pourvu d'une profession libérale, consente à donner une part réduite de son temps. Il a trop d'occupations pour accepter une division ;

mais il veut bien se charger d'un emploi défini : par exemple, d'une quête qui revient tous les ans, ou de la curatelle d'une rue qu'il habite et connaît bien. Celui-là ne veut pas monter en grade. Les années qui passent et qui se font nombreuses lui gagnent la considération de tous. Il l'a bien méritée.

Pourquoi donc ne pas user de confiance envers de telles personnes? Elles viennent des mêmes milieux que l'administrateur. Parmi elles, on trouve des gens de professions libérales, des commerçants, des employés et des gens de métiers. Leur aptitude n'est pas douteuse. Cependant, on leur refuse l'accès des commissions et des séances, leur laissant seulement les fatigues. Faut-il ne rien tenter pour instruire et encourager? C'est aux administrateurs qu'il appartient de se faire les instructeurs, les éducateurs de leurs collègues. Pour eux-mêmes, ils réclament de l'administration plus de considération et moins de mystères. Ils doivent prêcher d'exemple. Ils doivent faire, près d'eux, ce qu'ils voudraient qu'ailleurs on fît pour eux. Qu'ils renoncent à leurs petites prérogatives, qu'ils ouvrent toutes grandes les portes de leurs bureaux, qu'ils appellent à eux les commissaires, leur sachant gré de ce qu'ils offrent. Car, tous ensemble sont attachés à une même œuvre de solidarité sociale et obéissent aux mêmes tendances.

Les administrateurs et dames patronesses

Nous voyons venir un reproche sévère. On va nous

dire : Quelle place est faite aux femmes? Car, le décret déclare qu'on peut les nommer administratrices et dames patronnesses ?

Dans les œuvres privées nous savons que l'effectif des hommes est bien moins important et bien moins actif que celui des femmes ; et dans l'histoire, notamment sous la Révolution, le rôle des citoyennes affiliées aux comités de bienfaisance était considérable. La vérité, c'est qu'elles sont en très petit nombre dans nos bureaux.

Il n'y a pas de parti pris contre elles ; les maires et conseillers seraient disposés à les bien accueillir. Mais elles ne viennent pas : soit qu'elles-mêmes redoutent ces fonctions, soit que leurs maris s'opposent à leur désir. Faut-il livrer notre pensée entière, au risque de soulever les colères et de passer ici pour un réactionnaire ? Il nous semble que les maris n'ont pas tort. Le bureau de bienfaisance est un service public qui s'occupe de la misère, de toute la misère. Il est des situations où, seule, la présence de l'homme est acceptable. Il ne s'agit pas seulement de telles laideurs sociales qui peuvent écœurer, mais de tels repaires qui sont dangereux. Et puis, la mission d'assistance implique la connaissance d'une foule d'usages pratiques ou administratifs qui sont, en général, tout à fait étrangers aux préoccupations habituelles de la femme. Elle est à sa place chez elle ou au lit du malade, c'est-à-dire dans des lieux où elle jouit de toute sa liberté d'action, de toute l'autorité qu'elle tient de son sexe, ou de sa place dans le monde. Partout ailleurs, il convient d'être prudent. Il peut n'être pas bon de la mettre en contact avec des inconnus, de l'abandonner toute seule aux hasards de la rue. Au reste, nous savons bien que chez les femmes, comme chez les hommes, il y a des intrépides. On peut les laisser faire. Et quand leur nombre sera devenu assez sérieux pour forcer l'attention, il sera temps d'étudier leur action, en disant ce qu'elle peut être.

*
* *

L'idée est venue, il y a quatre ans, de réunir tous ces gens de bien dont nous venons de parler, tous ces *hommes d'honneur*, comme disent les Allemands. Déjà depuis longtemps ils sentaient le besoin de se voir et de mettre en commun leurs aspirations et leurs inquiétudes. Aussi la nouvelle société amicale et d'études des bureaux de bienfaisance trouva-t-elle un terrain tout préparé. La très grande majorité des administrateurs et des commissaires adhéra de suite à ce groupement qui se réclamait d'un idéal d'humanité, laissant bien loin dans l'ombre les petites vanités individuelles dont nous avons parfois constaté l'existence.

Voici en quels termes, M. Popet, le secrétaire général de cette association, définissait son objet : « Nous voulons être une société d'enseignement mutuel, profiter tous et faire profiter après nous les nouveaux collaborateurs bénévoles de l'Assistance publique de l'expérience que chacun de nos sociétaires a acquise dans l'exercice de ses fonctions. Nous pensons que ce perfectionnement individuel aura une heureuse influence sur le fonctionnement

de tous les bureaux de bienfaisance, en préparant, dans
la mesure où elle peut être utile, une certaine unité de
vues, une certaine uniformité dans l'application locale
des prescriptions réglementaires, de sorte que partout,
autant que possible, à égalité de misère corresponde
l'égalité de secours. Enfin si, comme le croient beaucoup
de bons esprits, le décret de 1895 n'est pas parfait, s'il
appelle des améliorations, et surtout un règlement inter-
prétatif qui fixe les droits et les devoirs de chacun, nous
croyons que des hommes expérimentés, en contact journalier avec les malheureux, pénétrés de leurs besoins,
renseignés par la pratique quotidienne sur les insuffisan-
ces et les lacunes du service actuel des secours à domicile,
nous avons la prétention de croire que ces hommes donneront aux autorités qualifiées pour refondre le décret
de 1895 des indications précieuses, et dont il faudra bien
tenir compte, lorsqu'ils auront mis en commun dans les
discussions de nos groupes d'études et de nos assemblées
générales, leurs idées, leur expérience, leur pitié pour
les déshérités et les vaincus de la vie. » Assurément, si
l'on veut un jour *civiliser* les services d'assistance à
Paris, c'est en usant d'une association animée de tels
sentiments qu'on pourra y parvenir. Il est à souhaiter
que cette jeune société, qui promet le progrès, ne s'écarte
pas du programme tracé en 1903, et, surtout, évite avec
le plus grand soin les polémiques inutiles et les discussions de personnes. Elle a, pour s'occuper très utilement,
à entreprendre l'étude tout entière de la nouvelle législation sur l'assistance obligatoire.

II

Le Personnel Médical

LES MÉDECINS DE LA CONSULTATION
ET DU TRAITEMENT A DOMICILE. — LES SAGES-FEMMES

Les médecins des bureaux de bienfaisance sont trop peu hommes d'argent pour n'avoir pas leur place à côté des « hommes d'honneur » dont nous venons de parler. Sans doute, ils ne font plus partie, comme leurs aînés, du personnel bénévole, puisqu'en compensation du temps qu'ils passent auprès des malheureux, l'Administration leur alloue une indemmité en argent. Mais, il ne s'agit pas d'un traitement véritable, et l'on se rendra compte de l'importance de leurs fonctions en songeant qu'il existe à Paris 300.000 personnes, environ, qui sont justiciables du service médical des bureaux de bienfaisance.

Il peut n'être pas sans intérêt, semble-t-il, de marquer par quelques dates les étapes successives par où ce service est passé avant de prendre sa forme actuelle, qui est assez récente. Les médecins ne sont, en effet, recrutés au concours que depuis l'année 1888 ; et, c'est seulement depuis 1893 que les deux services de la consultation et des visites à domicile ont été séparés.

Autrefois, les médecins faisaient tous partie du personnel bénévole. Ils n'étaient pas payés. Dans quelques arrondissements, et à certaines dates, de très grands noms qui honorent la médecine ont assuré gracieusement leur concours aux bureaux de bienfaisance. Bien souvent cependant, les pauvres gens se sont trouvés sans secours véritables, car l'organisation était alors plus apparente que réelle. Les concours bénévoles ne peuvent pas toujours assurer un service permanent et régulier. On peut demander à des hommes de bonne volonté de contrôler, quelquefois d'agir dans certains cas bien déterminés. On ne peut pas leur imposer un travail de tous les jours qui entraîne une charge véritable, et par suite réclame impérieusement un dédommagement en argent. C'est en 1843 que, pour la première fois, apparaît au budget un crédit de 15.000 francs destiné à indemniser les médecins. Encore ne s'agissait-il pas d'une mesure générale, mais d'une simple expérience que l'autorité supérieure laissait faire dans quelques bureaux de bienfaisance. Il faut attendre la date du 20 avril 1853 pour rencontrer un arrêté portant règlement général sur la matière.

A partir de ce moment, dans les douze arrondissements parisiens, il y a 159 médecins, dont 131 reçoivent 600 francs et 28, 1000 francs par an, suivant les quartiers. Ils sont nommés par le préfet de la Seine sur une liste triple, présentée par les bureaux de bienfaisance, et peuvent être réinvestis sur la demande desdits bureaux. Ils sont chargés à la fois des visites à domicile et des consultations dans les maisons de secours.

A cette même date, il convient d'enregistrer l'acte de naissance de la Société médicale des bureaux de bienfaisance qui réunit actuellement presque tous les médecins de l'assistance à domicile. La vie de cette association n'a pas toujours été facile. Elle a dû pendant longtemps user de prudence pour ne pas éveiller les susceptibilités, redoutables pour elle, de l'administration. C'est là, cependant, qu'ont été exposés et discutés les intérêts du corps tout entier, dès le moment où il a été constitué. De nos jours, et depuis de longues années déjà, la Société médicale a su gagner la bienveillance des pouvoirs publics. On peut dire qu'elle n'a pas été sans influence sur les développements successifs donnés à l'assistance médicale à domicile.

Les médecins s'étaient vite aperçus qu'aux termes de l'article 7 de la loi du 10 janvier 1849, ils devaient être investis par le ministre de l'Intérieur, après concours ou par l'élection de leurs confrères. Pendant toute la période impériale, leurs réclamations. si elles se sont produites, n'ont pas dû être éclatantes ; ils n'ont pas cessé d'être nommés par le préfet, sur la proposition des bureaux. Mais en 1879, le préfet Hérold a voulu se conformer au texte de la loi qui pendant trente ans n'avait pas été obéi. A la date du 4 mars 1879, paraît un arrêté préfectoral fixant le mode et les conditions de l'élection des médecins des bureaux de bienfaisance.

Tous les médecins de l'arrondissement formaient un

corps électoral spécial, chargé de désigner ceux de leurs
confrères qui devaient donner leurs soins aux malades
indigents. En cette année 1879 presque tous les collèges
ont apporté des résultats définitifs. La nouveauté du
fait, la satisfaction pour de simples particuliers de concourir à la nomination d'agents officiels peuvent expliquer ces résultats. Le préfet de la Seine s'en félicitait
vivement dans sa circulaire aux maires de Paris en date
du 10 mars, c'est-à-dire au lendemain du scrutin. Mais
l'expérience n'a pas tardé à démontrer que ce mode de
recrutement n'était pas raisonnable. Les électeurs ont
cessé de venir. Malgré tous les efforts de l'administration, bien qu'elle n'ait pas hésité à grossir le corps électoral, en appelant à l'aide les médecins des arrondissements circonvoisins, l'autorité a dû constater, qu'en fait,
les médecins des bureaux de bienfaisance se recrutaient
eux-mêmes. Seuls, venaient au scrutin les médecins du
bureau qu'il s'agissait de pourvoir et les amis des candidats qui sollicitaient l'investiture.

En même temps, le titre de « médecin des pauvres »
manquait de prestige auprès de l'opinion publique, et
les médecins des bureaux, conscients du rôle social
qu'ils pouvaient être appelés à remplir, demandaient
avec insistance à subir les épreuves d'un concours d'entrée, persuadés que leur situation serait ensuite meilleure, en face du public et de l'administration.

Ils ont éprouvé des résistances. On peut se rendre
compte de leur nature et de leur importance en lisant
le rapport de M. Fleury-Ravarin au Conseil Supérieur de

l'Assistance Publique sur les secours à domicile dans Paris, rapport qui a précédé et préparé le décret du 15 novembre 1895.

On y trouve cette affirmation que « le concours comme l'élection est condamné par l'expérience ». Car. ce concours, disait-on, n'aura pas partout la même valeur, dans les arrondissements du centre et de la périphérie. le nombre des candidats devant varier avec les avantages offerts par chacun des postes vacants. Il réservera un facile succès aux jeunes gens entraînés par les luttes académiques, décourageant les praticiens formés par l'expérience. Enfin, il laissera l'administration complètement désarmée, puisque le médecin trouvera dans son titre, gagné au concours, la force de résister à son autorité. Et le rapporteur insistait vivement pour conférer à l'administration elle-même un droit de nomination. Mais, soit que ces arguments n'aient pas paru concluants, soit que le Conseil Supérieur n'ait pas voulu détruire un état de choses qui existait déjà depuis 1888, soit enfin qu'il n'ait pas cru avoir le droit, dans un règlement d'administration publique, de s'écarter des termes de la loi de 1849 qui prescrivait le concours ou l'élection, l'opinion de M. Fleury-Ravarin fut écartée sur ce point et l'institution du concours fut confirmée par le Conseil Supérieur d'abord, puis ensuite par le Conseil d'État.

Aujourd'hui, les médecins des bureaux de bienfaisance sont tous recrutés au concours. Ils forment une élite. Beaucoup ont été internes ou externes dans les services de l'Assistance publique ; quelques-uns sont devenus médecins des hôpitaux ; tous occupent une place très honorable parmi leurs confrères ; et, au Syndicat des Médecins de la Seine, ils ont eu, en diverses circonstances, une influence prépondérante. Ainsi les médecins des bureaux de bienfaisance ont gagné de l'autorité auprès de leurs pairs ; peu à peu la considération qu'ils méritent a été partagée par la masse du public. Il y a vingt ans la réputation du « médecin des pauvres » n'était pas aussi bonne.

On discute actuellement, entre médecins, la question de savoir s'il ne serait pas possible d'assurer « la liberté de confiance » des malades en leur permettant de choisir parmi tous les praticiens, pourvus du diplôme de docteur en médecine, qui auraient réclamé leur inscription sur la liste du bureau de bienfaisance. A la vérité, ce mouvement d'opinion n'est pas très sérieux ; car, il ne tient compte ni des nécessités de ce grand service public, ni des dépenses qu'entraînerait une telle réforme. Il convenait seulement d'en noter l'existence, bien qu'il n'ait fait l'objet d'aucun examen de la part de l'administration intéressée, et qu'il ne semble pas susceptible d'une suite quelconque.

Les médecins de l'assistance à domicile sont répartis entre les arrondissements au nombre de 350 environ. Ils sont nommés, après concours, par le ministre de l'Intérieur, pour une période de trois ans, et peuvent être réinvestis sur la demande des bureaux de bienfaisance. Ils ne sont révocables que par le ministre, après avis du directeur et du conseil de surveillance de l'Assistance publique. L'indemnité annuelle qu'ils reçoivent varie entre 1.200, 1.500 et 2.000 francs, suivant les arrondissements ; elle est de 600 francs, quand le médecin est chargé d'un service de consultation dans les dispensaires.

A la date du 20 octobre 1892, un arrêté du préfet de la Seine a séparé le service des consultations de celui des visites à domicile. Il convient d'examiner séparément ces deux grandes branches du service médical, et de marquer les avantages et les inconvénients de ce régime qui n'est pas bien ancien, puisque, comme on le voit, il a quinze ans à peine d'existence.

Les Médecins de la consultation

Tous les malades qui peuvent sortir reçoivent les soins du médecin de la consultation, au dispensaire ; les autres, qui sont au lit ou à la chambre, sont traités par l'un des médecins chargés des visites à domicile.

On s'est demandé pourquoi le médecin du traitement à domicile n'était pas en même temps chargé de la consultation. Il ne suffit pas d'affirmer que le système actuel a été établi dans l'intérêt des malades ; il faut encore que cela soit évident. Or, il semble que le contraire serait beaucoup plus facile à justifier. Comment admettre qu'il est utile pour un malade de subir plusieurs directions successives pour un même mal, suivant qu'il peut, ou ne peut pas sortir ? C'est au moment où le médecin constate que son traitement a obtenu le résultat désiré que le malade change de mains ; inversement, c'est au moment où le mal s'aggrave, prenant un caractère aigu, que le médecin de la consultation renvoie le patient à l'examen d'un confrère. Ce n'est pas ainsi qu'on agit dans les familles où l'on paie le médecin. On va le voir chez lui, quand on peut s'y rendre ; et on l'appelle chez soi quand on ne peut sortir. On évite surtout de changer de direction, pensant, avec quelque apparence de raison, que le médecin donnera de meilleurs soins s'il connaît mieux son malade. Les personnes que secourt le bureau de bienfaisance ne font pas ce qu'elles veulent ; elles suivent la règle qu'on leur impose. Il semble qu'il eût été équitable, avant d'établir une règle, de se demander ce que feraient les malheureux, s'ils étaient libres d'agir à leur guise.

On invoque, pour justifier ce système, la tendance que, dans le passé, auraient eue les médecins de renvoyer prématurément les malades à leur consultation. Cette affirmation est difficilement vérifiable. Et, puisque l'on met en doute la conscience du médecin, pour quelles raisons, dans le nouveau régime, cette conscience serait-elle moins suspecte ? Comme autrefois, les médecins du traitement à domicile peuvent cesser leurs visites plus tôt qu'il ne convient, en renvoyant leurs malades à la consultation. Ces réserves, sur le principe même de la séparation des deux services, étaient à formuler au début de cette exposition.

Dans tous les arrondissements, généralement dans les locaux dépendant des anciennes maisons de secours, ont été ménagés des cabinets de consultation où les malades d'une même région sont reçus trois fois par semaine. Le médecin dispose de tous les instruments qui sont d'un usage courant. Il a pour auxiliaire une dame surveillante, diplômée des hôpitaux, assistée d'une fille de service. On lui demande d'examiner et de soigner tous les malades, indigents ou nécessiteux qui habitent dans la circonscription du dispensaire et se présentent à la consultation. En outre, il doit fournir tous les certificats qui lui sont demandés par le bureau de bienfaisance, notamment ceux qui sont nécessaires pour appuyer les propositions d'inscription.

Cette charge, qui pour le médecin n'a pas grand intérêt, se trouve avoir pour l'administration des secours une importance capitale. Le pauvre n'obtiendra pas le secours périodique qu'il demande, s'il n'est pas constaté médicalement qu'il est hors d'état de travailler pour vivre ; d'autre part, l'attestation complaisante du médecin doit avoir pour conséquence la création injustifiée d'une véritable rente viagère au profit du consultant. Car le certificat médical a toujours force exécutoire, et les radiations des contrôles sont si rares qu'on peut les dire exceptionnelles. Les deux intérêts du pauvre et des finances d'assistance se trouvent donc à la discrétion du médecin. Il faut qu'il sache à la fois résister aux sollicitations

déplacées et porter des jugements empreints d'humanité.
Le bureau ne peut pas, dans ces conditions, se désintéresser des médecins de consultation (1).

La clientèle varie, en nombre, de 30 à 50 par séance,
dans les arrondissements du centre : de 80 à 100 et
même davantage, dans les arrondissements excentriques. On se rend compte du temps qu'il faudrait consacrer à tout ce monde, si l'on voulait examiner sérieusement chaque malade. Un médecin qui comprendrait
ainsi son service devrait passer au dispensaire trois à
six heures, par séance, suivant les quartiers. Comme le
montant des honoraires est de 600 francs par an, ou de
3 fr. 80 par consultation, il est évident que le service ne
sera bien fait que si le médecin y trouve un attrait particulier. Or, il est bien peu probable que les dispensaires
puissent offrir jamais l'intérêt scientifique que le monde
médical reconnaît aux hôpitaux. Les malades ne sont pas
choisis pour assurer à l'enseignement toutes les leçons
de choses vivantes qui lui sont nécessaires. C'est une
foule qui se présente avec toutes les petites affections qui
empoisonnent banalement, mais aussi très tristement,

1. Les médecins de l'assistance à domicile ne sont pas chargés d'examiner l'état physique des personnes qui, âgées de moins de soixante-dix
ans, réclament le bénéfice de la loi de 1905 sur l'assistance obligatoire.
Ce sont les médecins des hôpitaux qui délivrent les certificats de cette
nature. D'autre part, les inscriptions aux anciens secours mensuels de
5, 10 et 20 francs se trouvent suspendues. Il est possible que par la
suite le Conseil Municipal décide le rétablissement de l'assistance facultative, notamment pour les vieillards âgés de plus de soixante-quatre ans et
de moins de soixante-dix ; mais, pour le moment, il n'en est point ainsi.
Le service des médecins de consultation se trouve par suite modifié dans
une mesure très appréciable.

notre souffrante humanité. Le médecin pourrait donc être ici un philosophe, un philanthrope, un hygiéniste, ou plus simptement un brave homme. Il est à peine utile que ce soit un savant.

En fait, les médecins de la consultation sont, presque partout, de jeunes médecins qui viennent de subir heureusement les épreuves du concours d'entrée et qui attendent avec impatience qu'une vacance se produise parmi les postes de médecins de l'assistance à domicile. Ils ne voient pas un intérêt professionnel à cette rapide revue qu'il leur faut faire de toutes les misères physiologiques d'une région de Paris. Ils sont, au contraire, mal impressionnés par toutes ces demandes de médicaments qui sont faites sur le ton dont usent les pauvres, habituellement, pour demander des bons de pain ou des secours d'argent. Bien souvent, les médecins n'habitent pas le quartier où se trouve le dispensaire ; ils n'ont donc pas l'esprit local. On comprend que, dans ces conditions, ils n'aiment pas leurs fonctions, bien qu'ils s'en acquittent partout régulièrement.

Il conviendrait cependant d'insister sur l'importance de ces consultations et sur les services qu'elles pourraient rendre. Il y a des maladies qui sont sociales ; c'est-à-dire, qui affectent la société tout entière. La tuberculose, la syphilis, les maladies d'enfants du premier âge, pour ne citer que celles qui sont les plus répandues, demandent des soins de tous les jours, des traitements de longue durée, et menacent tout le monde. Pour les combattre utilement, il faut connaître à la fois le malade, son genre de vie et sa famille. De tels maux devraient être traités par des médecins connaissant les familles et vivant au milieu d'elles. Ce devrait être la tâche principale, et tout à fait attachante, des médecins de dispensaires.

Quelques-uns sont entrés dans cette voie. L'un d'eux, dans un arrondissement de la périphérie, a renoncé aux avantages des visites à domicile pour se consacrer, au dispensaire, à de petites opérations chirurgicales. Il en pratique un nombre considérable, 4.000 environ chaque année, rendant ainsi à la population ouvrière qui l'entoure les plus signalés services. Un autre s'est chargé de deux consultations de nourrissons dans deux arrondissements différents, sans aucune rémunération, répandant la santé sur des centaines d'enfants qui, sans lui, seraient morts ou accablés d'infirmités. Ces initiatives seraient bien plus nombreuses si elles étaient encouragées. Elles ne le sont pas, parce que l'autorité centrale, qui est trop éloignée, ne peut pas savoir quels sont les besoins particuliers de ces vingt très grandes villes dont l'ensemble fait Paris.

Les médecins ont demandé la création de consultations spéciales pour les maladies des yeux, des oreilles, de la gorge, et diverses tentatives ont été faites par l'administration pour réaliser ce désir. Des institutions de ce genre offriraient, semble-t-il, beaucoup plus d'inconvénients que d'avantages ; surtout, si l'on devait les ouvrir au monde des étudiants. Le dispensaire est destiné aux seuls malheureux et la santé du pauvre est le but unique que l'on se propose d'atteindre. Il faudrait, pour assurer une clientèle aux nouvelles constitutions, grouper ensemble plusieurs arrondissements, renonçant ainsi au contrôle spécifique et permanent qu'assure au dispensaire son caractère local ; en outre, le médecin placé sur un champ d'expériences serait naturellement tenté de multiplier ses observations cliniques et par suite de faire prédominer l'intérêt de la science sur son devoir d'assistance. Il suffirait, en se plaçant au seul point de vue du pauvre, d'armer le médecin de droits qu'il n'a pas actuellement. Il devrait pouvoir prononcer l'admission de son malade dans tous les services spéciaux qui fonctionnent à l'hôpital, qu'il s'agisse de bains, de consultations, de services de médecine ou de chirurgie, ou même d'établissements hors Paris, tels qu'Hendaye, Berck, Angicourt, qui sont le complément parfois accessoire de l'assistance hospitalière. On ne peut vraiment pas faire reproche au médecin d'écarter les consultants qu'il ne peut traiter, puisque son avis compte pour si peu auprès des hôpitaux qu'une simple recommandation de sa part pourrait nuire au lieu d'aider. Cependant, l'hôpital apparaît bien comme l'auxiliaire désigné et fortement outillé, à tous points de vue, pour venir en aide à l'assistance à domicile, quand, après examen, cette dernière se déclare impuissante. Actuellement, c'est aux particuliers eux-mêmes qu'il appartient de chercher leur chemin dans le maquis des institutions d'assistance ; le médecin ne peut pas même, le plus souvent, servir de guide. Et c'est pour cela qu'est venue la pensée malheureuse d'organiser dans les dispensaires des consultations de spécialités.

Cela ne veut pas dire qu'il faille écarter, comme une erreur, la pensée de combattre avec méthode les affections très répandues. Bien au contraire, la surveillance des nourrices et nourrissons, la petite chirurgie, les soins à donner aux dents, à la tuberculose, à la syphilis, sont autant de besoins qui se font sentir partout et que l'on devrait satisfaire à l'aide de remèdes appropriés. Il y aurait un intérêt évident à soigner ensemble les maux de même nature, au lieu de les confondre, à une même heure, dans un même service. Malheureusement, les règlements en vigueur ne laissent aux initiatives locales aucun moyen de se produire, et ne permettent pas même de songer à instituer une méthode de travail plus rationnelle.

Le dispensaire peut être et devrait être l'organe essentiel de l'assistance médicale. Il est destiné aux seuls malheureux, c'est-à-dire à ceux qui ne peuvent payer ni le médecin, ni les remèdes. Chaque inscription peut donner lieu à une enquête à domicile ; et, comme on sait dans le public qu'elle est faite toutes les fois qu'un doute survient sur l'état d'indigence des consultants, il est très rare qu'une personne, au large dans ses revenus, se présente pour consulter. On craint la rencontre d'un voisin de qui l'on pourrait être connu, ou le contact des pauvres gens qui remplissent les salles d'attente et qui, d'ailleurs, pourraient faire des remarques inattendues. Ainsi, la consultation des dispensaires, au contraire de celle des hôpitaux, se protège pour ainsi dire elle-même contre les abus possibles. Ce n'est pas le moins négligeable de ses avantages.

Ce service aurait besoin d'un personnel d'élite, choisi pour les besoins de la population, et traité de telle façon qu'il demeure attaché à son poste pour de longues années. Il serait, en outre, expédient de laisser aux bureaux de bienfaisance une grande liberté pour l'organisation et la surveillance, afin d'user au mieux de toutes les compétences et de toutes les initiatives Enfin le dispensaire est trop souvent hors de portée de la population qu'il doit desservir. Il suffit de regarder une carte pour constater qu'il n'y a pas assez de ces établissements, surtout dans les arrondissements excentriques. Il suffit, aussi, de considérer l'heure uniforme et matinale de l'ouverture des portes pour comprendre que les vieilles gens, qui se lèvent tard, ne pourront pas en profiter, non plus que les ouvriers et ouvrières qui ne sont pas libres avant 7 heures du soir, quand est finie la journée de travail. L'idée de dispensaire n'est pas encore formée. Ce n'est pas le moment d'imposer une règle; mais, au contraire, de laisser faire et d'enregistrer avec patience les résultats obtenus, à la suite d'expériences qui vont se faire partout, pour peu qu'on les provoque, Il faut compter beaucoup sur le médecin pour donner une portée pratique à cet organe tout neuf qui n'est pas encore parfaitement adapté aux besoins. Il ne faut pas cependant s'en remettre au seul corps médical. Le législateur a désigné le bureau de bienfaisance pour con-

courir à la surveillance du service. Il a agi fort sage-
ment; car, ce bureau, dont l'organisation tout entière
a pour objet de recueillir des renseignements, sera souvent le mieux qualifié pour préciser et définir les
besoins de la population nécessiteuse.

*
* *

Les médecins de visite à domicile

Les médecins chargés des visites à domicile sont recrutés comme les médecins de la consultation et subissent
exactement les mêmes épreuves du même concours. Ils
sont généralement plus âgés que leurs collègues de la
consultation. C'est que l'indemnité annuelle qu'ils reçoivent est plus forte (1.200, 1.500 ou 2.000 francs par an
suivant les quartiers) et qu'on a consenti, en leur faveur,
un droit d'option à l'ancienneté. Ils sont astreints à la
résidence, le décret de 1895 précisant qu'ils doivent
demeurer dans l'arrondissement, où dans le quartier
limitrophe. Cette faculté laissée au médecin d'habiter
un autre arrondissement n'est pas heureuse. La crainte
évidente de manquer de candidats n'était pas raisonnable, alors que les courses fatigantes auxquelles se trouvent obligés les malheureux ne sont que trop réelles.
Ces médecins sont chargés de soigner tous les pauvres
malades, inscrits ou nécessiteux, qui ne peuvent sortir.

Ils sont actuellement 260, répartis au nombre de 4 à
13 entre les arrondissements, et se trouvent plus spé-

cialement désignés pour prendre soin d'une division médicale dont l'importance varie beaucoup, suivant les régions, par le nombre des malades et par l'étendue. L'instruction du 19 novembre 1853, portant organisation du service des malades à domicile, parlait déjà de ces circonscriptions territoriales attribuées aux médecins par le bureau de bienfaisance. Elles sont encore d'un usage courant. Sans doute, la circulaire du 21 novembre 1892 a fait une obligation aux bureaux de diviser l'arrondissement en quatre grandes circonscriptions, au plus, afin de laisser aux malheureux une certaine liberté pour le choix du médecin. Mais les anciennes divisions n'ont pas été, par là, détruites. Il est seulement reconnu qu'un malade peut demander, dans les limites de la grande circonscription où il demeure, tel médecin en qui il a confiance. Dans ce système, il n'y a pas de place pour l'arbitraire des employés; le bon médecin ne paie pas d'un surcroît de labeur la renommée dont il jouit; et l'on a évité la règle inhumaine d'imposer à un malheureux un praticien qui lui déplaît.

Le décret du 15 novembre 1895 dispose bien, dans son article 35, que les malades auront la faculté de choisir leur médecin parmi ceux qui sont chargés du traitement à domicile dans leur quartier. Mais, cette prescription ne peut avoir d'application que dans les seuls arrondissements où il se trouve au moins deux médecins par quartier; car, autrement, cela reviendrait à dire que, dans les autres, les malades ne peuvent exercer aucun choix, ce qui n'était certainement pas dans la pensée du législateur. On doit en conclure que les dispositions de la circulaire du 21 novembre 1892 subsistent encore et qu'elles doivent être observées.

Il est bien difficile de dire pourquoi un médecin plaît ou déplaît. Sa tenue dans le monde comme auprès des malades, sa manière de prescrire, sa rigueur dans la surveillance du traitement, ses habitudes, sa réputation, ses qualités de cœur et d'esprit, son autorité morale sont autant de causes qui peuvent déterminer une opinion sur lui. Et cette opinion peut encore varier non pas seulement suivant les personnes, mais, chez une même personne, suivant les impressions qu'il fait naître à la suite de circonstances qui sont impondérables. Ces raisons de sentiment ont une importance parfois considérable auprès des familles indigentes qui connaissent les médecins et discutent sur leurs personne. Dans les services, il en faudra tenir compte pour apprécier les plaintes aussi bien que les louanges; c'est là la charge délicate du bureau de bienfaisance, quand on lui demande de noter ses médecins.

La visite doit être faite dans un délai assez court : dans la journée, si la réquisition a été portée au domicile du médecin avant 3 heures ; et le lendemain avant midi, pour les réquisitions portées après 3 heures ; elle est faite dans les trois heures si l'urgence est déclarée. Ainsi s'exprime le règlement du 23 octobre 1901, que les médecins n'ont pas accepté sans formuler d'assez vives protestations.

L'administration avait émis cette opinion que les médecins ne répondaient pas assez vite à l'appel des malades et qu'ils faisaient trop peu de visites, contribuant ainsi à multiplier le nombre des personnes qui réclament leur admission dans les services hospitaliers. Voici les arguments qui ont été opposés à cette affirmation.

On demande trop souvent la visite du médecin à domicile. La consultation au dispensaire n'étant pas, pour tous, assez discrète ou n'étant pas à portée, ou n'offrant pas assez de garanties, la population pauvre ne s'y adresse pas volontiers. Il est, au contraire, très commode de demander à la mairie la visite d'un médecin qui sera toujours accordée. L'habitude est prise de réclamer du secours pour les affections les plus légères, et l'abus est d'autant plus sérieux qu'il n'existe aucun moyen pratique d'y faire obstacle. Parfois, et malheureusement trop souvent, des gens relativement aisés s'adressent au bureau de bienfaisance. L'enquête qui est faite, après coup, ne permet pas de prévenir les demandes injustifées. Enfin, les pauvres abusent du médecin parce qu'ils peuvent ainsi obtenir plus facilement des secours d'argent. Toutes ces circonstances réunies ont pour effet de multiplier les visites à faire, en sorte qu'à certaines époques et en certaines régions, ces visites peuvent s'élever parfois à plus de quinze pour une seule journée. Le médecin est alors obligé de se défendre, parce que le service qu'il fait au bureau de bienfaisance n'est pas le principal de ses occupations et qu'il doit, autant qu'un autre, lutter pour l'existence.

Le service manque d'une organisation suffisante. Il ne suffit pas, pour un malade, d'obtenir les conseils d'un médecin ; il faut encore que les prescriptions puissent être exécutées. Or, la famille offre bien peu de ressources. Souvent, les choses les plus indispensables font défaut ; parfois, les personnes sont incapables de comprendre les indications qui leur sont données ; dans un grand nombre de cas, le malade est tout seul, vivant à l'hôtel, dans le dénuement le plus complet. Le secours le plus sûr est alors le billet de transport à l'hôpital. Cette solution s'impose au médecin, car il sait bien que sans aide, dans une chambre d'indigent, il ne peut rien tenter d'utile.

Le médecin n'est pas tenu de prendre la place de l'administrateur et de faire des visites pour apporter un réconfort moral. Il doit le secours de son art. Il est, par suite, dégagé de toute obligation quand l'intervention qu'on lui demande cesse d'être utile médicalement. Sans doute, il peut faire don de son temps, par esprit de charité ou de philanthropie, en faveur de malheureux âgés ou infirmes, qui sont pitoyables, mais il s'agit là d'actes spontanés de sa part qui ne peuvent lui être imposés.

Toutes ces considérations méritent la plus sérieuse attention. On doit les examiner, sans oublier que le médecin ne tire aucun avantage professionnel de son emploi au bureau de bienfaisance et qu'il peut se trouver aux prises avec des difficultés matérielles que ne connaîtront jamais ses confrères des hôpitaux. On doit aussi ne pas manquer d'égards à un personnel qui porte évidemment intérêt à ses fonctions, puisqu'il demeure généralement à son poste jusqu'à l'extrême limite d'âge permise par les règlements. Mais en même temps l'administration ne peut pas négliger les graves besoins de la population nécessiteuse dont elle a la charge.

L'assistance à domicile est préférable, à tous points de vue, à l'assistance hospitalière. Ce principe a été formulé depuis bien longtemps et M. Fleury-Ravarin le rappelait encore quand il faisait approuver par le Conseil Supérieur de l'Assistance Publique les sages instructions données, en 1801, par le ministre Chaptal : « Le pre- « mier soin de l'administration, après avoir constaté « l'état de maladie, doit être de s'assurer si le malade « peut être soigné dans sa maison. Ce genre de secours « à domicile, dont on retire de si grands services par- « tout où il est établi, présente encore une grande éco- « nomie sur les hôpitaux. Si on ajoute à cet avantage la « consolation que doivent éprouver des pères et des « mères lorsqu'ils peuvent être soignés dans leur propre « lit par les mains de leurs enfants, on n'hésitera pas à « penser qu'on ne doit admettre dans les hôpitaux que « les êtres qui n'ont ni feu, ni lieu, ni parents. » Et M. Fleury-Ravarin constatait qu'à Paris l'état des choses était bien loin de répondre à cette historique tendance. L'hospitalisation, remarquait-il, est un procédé si simple et si commode : le malade trouve de suite un remède à ses maux, la famille s'en débarrasse sans arrière-pensée et les personnes charitables sont appaisées dans leurs sentiments de sympathie ou de charité. Les bureaux de bienfaisance, d'autre part, ne disposent pas de crédits pour faire face aux dépenses qu'entraîne la maladie, et, comme ils ne peuvent pas donner le secours qui est le complément nécessaire du traitement médical, le malade réclame lui-même l'admission à l'hôpital, afin de souffrir en paix et de n'être pas pour les siens une cause certaine de misère. Est-il équitable après de telles explications, d'accuser les médecins des bureaux de bienfaisance d'être les auteurs responsables de l'encombrement des hôpitaux? Il n'est, certes, pas démontré qu'ils abusent du billet d'envoi à l'hôpital, qui d'ailleurs n'est pas une réquisition, mais une simple demande d'entrée pour un porteur qui est malade. Il n'est pas certain non plus que les malheureux reçoivent actuellement tous les soins désirables. Et c'est là justement ce qui doit inquiéter.

Il n'est pas humainement acceptable qu'un médecin cesse ses visites quand sa présence est évidemment nécessaire. Or il existe des bureaux où le médecin signe toujours le carnet de maladie après la première visite ; ce qui veut dire qu'il ne reviendra pas, à moins qu'on ne le rappelle. Ce n'est pas ainsi que les choses se passent dans les familles. Le médecin peut hésiter sur la nature et la cause du mal ; il peut hésiter aussi sur les effets du traitement qu'il croit devoir instituer. Il prévient alors l'entourage et déclare qu'il reviendra ; naturellement, il le fait toujours, quand il se trouve en présence d'une maladie grave dont il ne peut prévoir les manifestations ultérieures. Il est douloureux de penser que les malades indigents peuvent être privés de cette sécurité dans le traitement, qui est cependant indispensable.

Bien souvent aussi le malheureux est atteint d'un mal qui ne peut guérir. L'art du médecin est alors impuissant ; rigoureusement ses visites ne sont plus nécessaires. Faut-il cependant désirer qu'il les fasse ? Sans doute, il est homme technique et n'a rien promis hors les cas où ses connaissances peuvent être utiles ; mais c'est précisément à cause de ses qualités, qui sont spéciales, que personne ne pourrait intervenir à sa place, même quand il a déclaré son impuissance. Cela est si vrai que, dans leur clientèle, les médecins ne refusent pas leur assistance quand le malade incurable insiste pour les revoir Ayant fait les réserves dictées par la conscience, le médecin n'a plus aucune raison de s'abstenir ; car, il aura toujours quelque occasion de procurer un soulagement ou de faire naître une espérance. Il ne manque pas, hélas ! de maladies dont l'issue que l'on redoute est fatale. La venue du médecin n'est alors attendue qu'avec plus d'impatience aussi bien par le malade lui-même que par son entourage. Comment pourrait-on soutenir, sans cruauté, que l'assistance médicale à domicile n'a pas pour but d'apporter ces bienfaits d'humanité ?

On s'est demandé s'il ne conviendrait pas, dans chaque arrondissement, de désigner un ou deux médecins, et de leur abandonner la charge totale du service. Ils recevraient, dans ce système. un traitement suffisant pour leur permettre de se consacrer entièrement à leurs fonctions. Comme ils seraient placés sous la surveillance immédiate des bureaux et pourvus d'un poste recherché, qu'ils formeraient un personnel à la fois distingué et parfaitement renseigné sur les besoins et les conditions d'existence du pauvre, il est probable que tous les intérêts se trouveraient sauvegardés. Ce serait là une modification profonde qui serait apportée dans le régime de l'assistance médicale.

On s'est aussi demandé s'il ne serait pas utile pour le bien du service de payer les médecins à la visite. Le décret de 1895 avait prévu ce mode de rétribution, et c'était bien là la suite en apparence nécessaire de la liberté du choix laissée aux malades. Mais on sait que les pauvres sont groupés ou dispersés de façon très différente suivant les arrondissements et les quartiers de Paris ; en sorte qu'il y aurait véritable injustice à prendre la visite comme unité de mesure, car cette visite n'entraîne pas partout la même somme de peines. En outre, on inciterait ainsi les médecins à rechercher les occasions d'intervention ; la dignité du corps tout entier pourrait en être atteinte. Ces raisons ont déterminé l'administration à ne point appliquer la règle posée par le décret de 1895.

Enfin, la proposition a été faite d'organiser des infirmeries de quartier, par imitation des habitudes observées dans l'armée. Ce projet serait séduisant, s'il devait, comme on le prétend, éviter de recourir à l'hospitalisation. Malheureusement, le séjour à l'infirmerie ne semble pas théoriquement préférable au séjour à l'hôpital. Le malade, dans les deux cas, sort de son domicile. Il est soustrait à l'affection des siens. En même temps, le service d'assistance prend toute la charge de sa subsistance. Et les ressources matérielles de l'infirmerie ne seront jamais comparables à celles qui existent dans l'hôpital. L'hôpital peut traiter un mal qui doit durer quelques jours seulement ; il le fait actuellement, et le fait bien.

Il faudrait cependant découvrir les termes du règlement où les convenances personnelles des médecins, qu'on ne peut négliger, puisque ces praticiens vivent de leur profession, se trouveraient combinées et conciliées avec les besoins non moins impérieux des malheureux. En attendant qu'on établisse les bases de ce régime, on pourrait, semble-t-il, se borner à rechercher les moyens d'associer plus intimement les médecins au fonctionnement du bureau de bienfaisance. Ils le connaissent à peine, bien qu'ils en dépendent très étroitement. On pourrait leur ouvrir certaines commissions, les mettre en contact avec les administrateurs. Les uns et les autres, qui concourent à une même œuvre, profiteraient de leurs expériences réciproques. Ils y gagneraient de mieux connaître leur mission ; et peut-être de l'aimer davantage. En tous cas, cela vaudrait mieux que d'inventer des contrôles, ou des pénalités qui provoquent des plaintes et ne font pas de bien.

En principe le médecin doit rester tout à fait étranger à la distribution des secours. L'intérêt du service et des médecins eux-mêmes commande cette règle de conduite qui doit être rigoureusement observée. Si l'on savait, parmi les pauvres, que les médecins peuvent appuyer des demandes et les faire aboutir, un grand nombre de malheureux n'hésiteraient pas à réclamer leur patronage et par suite à multiplier dans des pro- portions inacceptables les appels à domicile. Déjà la pra- tique des bureaux, qui fait suivre chaque visite médicale d'une enquête administrative, et qui exclut des secours de maladie toute personne qui n'est pas traitée à domi- cile, a eu pour résultat d'encourager des demandes peu justifiées. C'est un mal nécessaire, parce que la situation des malades réclame parfois une intervention immédiate de l'organe d'assistance. Il serait imprudent d'attendre le cri d'appel de ces pauvres gens qui peuvent être frap- pés de désespoir et tentés de s'abandonner eux-mêmes. Le médecin est évidemment qualifié pour signaler ces infortunes, quand il les découvre ; mais il faut qu'il le fasse avec une extrême réserve, à l'insu de ses pauvres clients, et seulement quand il se trouve en présence de circonstances exceptionnelles. Presque toujours, il suffira d'attendre la conclusion de l'enquête réglementaire et de laisser au bureau la charge et toute la responsabilité du secours à donner. Le médecin devra trouver en lui-même et dans les ressources de son art les moyens de venir en aide à son malade. Il est certain que parfois sa situation pourra paraître péni- ble et difficile ; mais il sait bien qu'il est, dans la mai- son du malheureux, le conseil et l'ami. Cette assurance lui donnera en toute circonstance une grande force morale.

Les médecins ont parfois protesté contre les dispo- sitions du décret de 1895 qui les soumettent, pour la réinvestiture, aux préavis du directeur de l'Assistance Publique et des bureaux de bienfaisance. Ils ont fait remarquer qu'une telle législation ne leur assurait pas une sécurité suffisante, et ils insistent pour que leurs fonctions, obtenues au concours, soient garanties contre l'arbitraire. Cette prétention ne semble pas absolument justifiée. Le bureau de bienfaisance a qualité pour demander qu'un médecin soit écarté, quand il ne fait pas son devoir. C'est lui qui remplace, à l'égard du médecin, la famille absente ou incapable de se plaindre ; on ne voit pas par qui, à son défaut, pourrait être remplie cette attribution de contrôle. Sans doute, à l'hôpital, le malade est à l'entière discrétion du médecin ; il n'y a pas entre l'un et l'autre d'intervention possible, ni acceptable. Mais ce n'est pas un des mérites du régime hospitalier. D'ailleurs, le Conseil de surveillance est toujours consulté quand les intérêts d'un médecin de l'assistance à domicile sont en question, et ce dernier peut encore user d'une deuxième voie de recours auprès du ministre, qui prend la décision définitive. On pourrait seulement inviter les bureaux à ménager la dignité des médecins ; par exemple, en renonçant à les faire comparaître, aux époques de réinvestiture, devant une commission chargée de les interroger, comme le ferait un tribunal. Cet usage qui n'est pas général, mais spécial à un très petit nombre de bureaux, est assurément de nature à soulever des protestations légitimes.

*
* *

Cette étude avait pour objet principal de faire connaître les personnes ; il ne s'agissait pas d'aborder l'examen approfondi des services. Elle permet cependant de dégager quelques vues d'ensemble. C'est ainsi que le dispensaire apparaît comme pouvant devenir l'organe essentiel de l'assistance médicale à domicile. Il n'y viendra que les seuls malheureux, parce que le dispensaire dessert une région relativement restreinte, que tout le monde se connaît et que la venue d'une personne aisée y ferait scandale. Mais il faut bien choisir le médecin consultant. Il faut de plus permettre l'accès du dispensaire aux médecins chargés des visites à domicile, afin qu'ils puissent soigner plus longtemps qu'ils ne le font actuellement, les malades qu'ils ont traités chez eux et qui peuvent sortir, après quelques jours de crise aiguë. Il faut favoriser l'installation et le fonctionnement de consultations spéciales à grande clientèle, suivant les ressources et les besoins de chaque arrondissement. Il faut trouver pour les médecins les auxiliaires qui les aideront au dispensaire et dans le logement même du pauvre. Il faut enfin donner des secours d'argent pour compenser le salaire perdu et supprimer les charges de maladie dans la même mesure qu'à l'hôpital. Tout cela n'est pas facile à réaliser, mais n'est pas impossible ; car des œuvres privées ont déjà réussi sur beaucoup de ces points, et elles n'ont pas les ressources dont dispose l'Assistance Publique. Il est d'ailleurs permis de compter sur un service qui est si jeune encore et qui autorise de larges espérances d'avenir.

**
*

Les sages femmes

Les sages-femmes des bureaux de bienfaisance mettent au monde de 11.000 à 15.000 enfants sur les 60.000 dont on enregistre tous les ans la naissance à Paris. Il s'agit donc d'un personnel qui joue un rôle considérable dans le fonctionnement de l'assistance à domicile.

Elles sont nommées par le directeur de l'Assistance Publique pour deux années et sont renouvelables pour une même période sur la proposition des bureaux de bienfaisance. Toutes peuvent obtenir leur inscription sur la liste de service, pourvu qu'elles justifient d'un diplôme de sage-femme de 1re classe et qu'elles résident dans l'arrondissement. On a voulu que les femmes enceintes pussent obtenir les soins de la praticienne en qui elles ont confiance. Sur 800 sages-femmes qui exercent dans Paris, 550 sont affiliées aux bureaux de bienfaisance. Depuis 1881, elles reçoivent une prime de 15 francs par accouchement et doivent leurs soins aux femmes en couches pendant les dix jours qui suivent leur délivrance.

Quand on consulte le volumineux recueil des règlements et circulaires de l'Assistance Publique, on est surpris de constater que bien peu parmi ces documents concernent les sages-femmes des bureaux de bienfaisance. Le règlement du 24 septembre 1831 décide qu'elles sont nommées pour cinq ans par le ministre de l'Intérieur, comme les médecins et chirurgiens. Le règlement du 10 avril 1853 attribue au préfet de la Seine cette nomination, qui est alors faite pour trois ans et peut être renouvelée sur la proposition des bureaux de bienfaisance. Une circulaire du 16 août 1854 fixe le nombre des sages-femmes par arrondissement et décide qu'une indemnité de 5 francs leur sera payée par accouchement. Deux arrêtés préfectoraux, en date des 26 avril 1858 et 7 mai 1881, élèvent successivement à 8 et à 15 francs le montant de la prime. Une circulaire du 21 septembre 1887 permet à toutes les sages-femmes de 1re classe d'obtenir leur admission dans le service de l'assistance à domicile. Enfin, le décret du 15 novembre 1895 donne au directeur de l'Assistance Publique le droit de nomination qui jusque-là appartenait au préfet, sur la proposition des bureaux de bienfaisance (1). C'est toute la réglementation pour une période de soixante-quinze ans. Manifestement, l'administration centrale ne s'est pas occupée des sages-femmes, laissant aux bureaux de bienfaisance le soin d'assurer eux-mêmes la surveillance du service.

Deux fois seulement, elle est intervenue. Le 17 mars 1893 les bureaux de bienfaisance ont été invités, sur la demande de la Société des Médecins, à autoriser les sages-femmes à prescrire les antiseptiques désignés par le décret du 9 juillet 1890 ; et, en 1902, il a été créé un premier poste d'inspectrice des sages-femmes à domicile. A la vérité, depuis longtemps déjà les sages-femmes

____
1. Décret du 12 août 1886, art. 30.

avaient été autorisées et encouragées à prescrire les produits sans lesquels leur intervention eût été dangereuse ; de même, dans la plupart des bureaux, un contrôle efficace avait été organisé pour la surveillance des femmes en couches. Il semble que les besoins des bureaux étaient et sont encore ailleurs.

Les sages-femmes ne disposent pas de l'outillage indispensable au bon accomplissement de leur mission. S'imagine-t-on ce que peut être un intérieur de malheureux où l'on va faire un accouchement ?

En temps normal, c'est à peine si le logement suffit, en meubles et en espace, pour le père, la mère et les enfants. Il faut maintenant trouver une place pour la sage-femme ; il faut du linge, de l'eau chaude, des draps, un berceau et une layette pour l'enfant qui va naître. C'est dans un encombrement navrant, presque toujours dans un local malpropre, qu'il va être procédé à la délivrance. Il est incroyable que dans des circonstances aussi défavorables, il ne survienne pas de plus nombreux décès. Ils sont relativement assez rares. Déjà nous avons vu le médecin de l'assistance à domicile aux prises avec des difficultés matérielles de même nature ; mais il s'agissait seulement de maladies ne comportant pas d'interventions chirurgicales, ne nécessitant que rarement des soins antiseptiques et des pansements. Ici, toutes les précautions sont à prendre, parce que la femme est toujours en danger, si naturelle et si normale que puisse paraître sa délivrance. Et la sage-femme manque de tout. Son seul droit est de requérir l'intervention de l'un des médecins du traitement à domicile, quand l'accouchement se présente comme anormal.

Presque toujours, la femme qui accouche chez elle est une mère de famille qui n'a pas voulu se rendre à l'hôpital parce qu'elle a un mari et des enfants à soigner. Il peut arriver, s'il survient une complication, qu'elle refuse de quitter son logis. On aperçoit la responsabilité qui pèse alors sur la sage-femme tant qu'elle n'aura pas découvert le médecin qui doit prendre la direction de l'opération. Ce temps peut être très long ; car le médecin requis, qui doit venir de suite, n'est pas toujours chez lui. Il faut alors répéter les appels, frapper à plusieurs portes, au milieu d'une agitation et d'une inquiétude inévitables chez tous les membres de la famille et qui ébranlent le sang-froid de la sage-femme elle-même. Et, quand le médecin se présente enfin, bien souvent, il devra déclarer qu'il ne peut pas intervenir dans de telles conditions de dénuement et d'encombrement. A ce moment, la femme est bien obligée, malgré ses résistances, d'accepter le transport à l'hôpital.

On a pris l'habitude, dans les bureaux, de payer la prime en cas de fausse couche ; ou bien, quand la sage-femme dirige sa pauvre cliente sur un hôpital. Cette mesure se justifie d'elle-même, puisqu'il y a eu dérangement de la sage-femme, que ses honoraires sont fort modestes et qu'il ne fallait pas risquer de mettre en opposition l'intérêt de la praticienne avec son devoir de prudence. On demande seulement que chaque affaire reçoive une solution particulière à la suite d'explications qui sont données par écrit. Ainsi les abus possibles ne se produisent pas ; la sage-femme ne se débarrasse pas sur l'hôpital d'accouchements qu'elle pourrait faire.

On a beaucoup parlé des progrès obtenus dans nos maternités. Il est opportun de rappeler ici quelques vérités dont la connaissance n'est pas très répandue (1). L'infection puerpérale est un mal d'hôpital ; c'est là qu'elle a fait ses plus nombreuses victimes. A Paris, la moyenne y était de 10 0/0 en 1870, de 3 0/0 en 1880, et c'est seulement depuis 1890 qu'elle est tombée à moins de 0,50 0/0 grâce aux observations et aux leçons de Tarnier et de ses disciples. Pendant le même temps, le professeur Pinard a pu citer le nom d'une sage-femme, Mme Dabrigeon, qui de 1870 à 1903 avait reçu, chez elle, 5.278 femmes, et n'en avait perdu aucune. C'est qu'elle n'avait jamais touché une seule de ses pensionnaires. Au contraire, dans les maternités, maîtres et élèves se livrent à des explorations qui occassionnent la mort, toutes les fois que les règles nouvellement découvertes de l'antisepsie ne sont pas rigoureusement observées. On désespérait autrefois de trouver un remède et l'on songeait à fermer les maternités. Aujourd'hui, ces établissements ont perdu leur tragique réputation, parce qu'on sait prendre les précautions élémentaires : les femmes s'y trouvent en sûreté. Mais il était juste de dire que jamais celles-là, chez qui les étudiants ne vont pas,

1. « Les origines de la Maternité de Paris » par Mlle Carrier Steinheil, 1888, *Annales de Gynécologie et d'Obstétrique* (leçon de M. le professeur Pinard, novembre 1906.

n'avaient couru les mêmes dangers de la part des sages-femmes des bureaux de bienfaisance. Ces praticiennes ont, depuis, appris les règles de propreté et d'hygiène préventives posées par les maîtres. On les leur rappelle de temps en temps à la faveur des visites qui sont faites par les agents du bureau à la suite de chaque accouchement. Cela suffit pour éviter les malheurs possibles, qui sont exceptionnels.

Nous avons dit que les sages-femmes devaient leurs soins pendant dix jours. Après la délivrance, les suites de l'accouchement ne sont pas moins troublantes que l'accouchement lui-même. La mère veut se lever plus tôt qu'il n'est prudent, parce que tout dans son ménage réclame sa présence. Son enfant a besoin de soins de toute nature. Il lui faudrait en outre des conseils, une aide matérielle qui manque souvent. Le bureau n'est pas assez riche pour donner des secours d'argent, autant qu'il le faudrait ; presque partout, il est dépourvu de linge et de draps à prêter ; partout, il manque du personnel nécessaire pour mettre de l'ordre dans ce pauvre ménage et remplacer la mère temporairement indisponible. On peut dire que de très grands progrès sont encore à réaliser pour organiser méthodiquement ce service en vue des besoins auxquels il devrait satisfaire.

Il conviendrait, dès qu'on le pourra, d'élever à 20 ou 25 francs la prime de 15 francs qui a été consentie aux sages-femmes, il y a vingt-cinq ans. On pourrait les payer le même prix qu'à la Préfecture de Police, dans le Service de Nuit. Ce serait, semble-t-il, un acte d'équité ;

et on pourrait en retour demander à ce personnel plus de ponctualité dans le service. Comment veut-on que des observations puissent porter, quand on constate que, parmi les sages-femmes, beaucoup ne reçoivent pas 100 francs par an? La moyenne générale est de 280 francs ; ce qui veut dire que la plupart tiennent fort peu à des fonctions qui leur réservent des profits négligeables et parfois la surprise de difficultés sérieuses. Il n'est pas certain qu'on ait eu raison d'ouvrir à tout venant les portes du bureau ; mais, l'ayant fait, il serait sage de ne pas fournir des sujets de plainte à des agents occasionnels dont la clientèle a certainement diminué depuis que l'Assistance Publique se charge gratuitement, dans ses hôpitaux, cliniques et bureaux de bienfaisance, d'une bonne moitié des accouchements effectués dans Paris.

Il serait aussi à désirer que la sage-femme fût mieux connue du bureau qui l'emploie. C'est à peine, parfois, si l'on sait son nom ; et, cependant, le rôle qu'elle doit tenir, quand on l'appelle, peut se prolonger pendant un assez long temps. La lettre de service qu'elle reçoit lui parvient plusieurs semaines, quelquefois plusieurs mois, avant l'accouchement. C'est elle qui délivre le certificat que réclame le bureau pour attribuer le secours spécial destiné aux femmes en état de grossesse. Elle continue ses soins plusieurs jours après la délivrance. Elle a un droit de réquisition sur le médecin, quand l'accouchement n'est pas normal ; de même, elle peut diriger sur l'hôpital les femmes qui, à son avis, ne peuvent être

traitées à domicile. Ce sont là autant de raisons à faire
valoir pour demander qu'elle soit initiée plus complètement au fonctionnement du bureau de bienfaisance. Malheureusement, les sages-femmes sont trop nombreuses ;
il y en a plus de cinquante dans certains bureaux ; et
leurs interventions sont, en général, beaucoup trop espa-
cées pour donner à leurs fonctions un caractère permanent.

Il nous a semblé que ces indications étaient à donner
Car le service des accouchements à domicile a une
importance qui est incontestable. Ce n'est pas le
moment de parler des sages-femmes agréées, adjointe s
au service hospitalier, ni des maternités des hôpitaux,
qui opèrent ensemble plus de 20.000 accouchements par
an. Mais nous pouvons bien dire que les femmes ainsi
traitées, dans les services hospitaliers, occasionnent
une dépense quatre ou cinq fois plus élevée que
les autres ; c'est ainsi qu'un accouchement revient en
moyenne à 60 francs chez les sages-femmes agréées, à
120 francs dans les maternités des hôpitaux et à
160 francs à la clinique Tarnier. Sans doute, la population parisienne ferait appel moins souvent à l'assistance hospitalière, si l'assistance à domicile était à la
fois mieux organisée et surtout mieux dotée (1).

Il est d'ailleurs presque affligeant de penser que la
moitié des accouchements effectués à Paris sont à la

---

1. Voir aux Annexes.

charge de l'Assistance Publique. Cet état de choses n'existe dans nulle autre ville de France, d'Europe et peut-être du monde. Il est difficilement justifiable. Sans doute, il est sage de protéger l'enfance, notamment en assurant aux filles mères une discrétion qui leur assure toute sécurité ; mais on pourrait semble-t-il, atteindre ce résultat sans ouvrir tous les services d'accouchements à toutes les femmes qui se présentent. Il en est beaucoup, parmi elles, qui pourraient supporter la dépense qu'elles occasionnent ; et, il n'est ni juste, ni pratiquement utile, d'imposer à la société une charge qui, en bonne justice, ne lui incombe pas.

III

Le Personnel Administratif

LES EMPLOYÉS DU SECRÉTARIAT, DES DISPENSAIRES
ET PHARMACIES

Les employés des bureaux de bienfaisance font partie de l'administration générale de l'Assistance Publique. Ils sont nommés par le préfet de la Seine, sur la proposition du directeur de cette administration. Tous sont maintenant recrutés au concours ; ils sont compris suivant leurs grades, sur les contrôles des Commis, des Rédacteurs, des Rédacteurs Principaux ou des Secrétaires-Trésoriers. Ce sont les hasards de la carrière administrative qui les ont placés dans les bureaux de bienfaisance ; ils auraient pu, tout aussi bien, être appelés à servir dans les bureaux de l'administration centrale ou dans les établissements hospitaliers.

Si l'employé n'est pas averti, l'impression qu'il ressent, à son premier contact avec le bureau de bienfaisance, est peu favorable. Généralement, ce bureau est installé dans une partie retirée de la mairie d'arrondissement ; trop souvent, les locaux sont obscurs ; parfois, ils sont malsains. Les architectes ont réservé pour des services moins sacrifiés les grandes fenêtres et les belles salles ; ils ont aménagé une place de parent pauvre à cet organe d'assistance qu'il a fallu recueillir et qui dépend d'une administration distincte de la Ville de Paris. La population qui fréquente ces lieux n'a pas un extérieur qui attire. Ce sont des vieillards et des infirmes misérablement vêtus, ce sont des femmes qui portent et traînent des enfants peu soignés : ce sont des malheureux qui demandent en menaçant, usant d'expressions qui étonnent et déconcertent. Le service lui-même, qui se compose d'une multitude de détails, n'a aucun rapport avec l'idée qu'on se fait ordinairement d'un travail de bureau. Le jeune homme, qui, parfois, vient de gagner ses grades de licence ou de doctorat, éprouve à ses débuts une déception. On pourrait citer des noms d'employés, parvenus maintenant à des grades importants, qui n'ont pas pu s'habituer dans un tel milieu.

Des légendes se transmettent sur le personnel de ces bureaux. On dit que beaucoup ont été placés là, en disgrâce ; qu'ils ne jouissent pas des avantages de leurs collègues de l'administration centrale ou des établissements hospitaliers ; que leur avancement est plus lent et leurs gratifications moins fréquentes ; qu'ils sont exposés à un contrôle malveillant, s'exerçant à la suite d'incidents imprévus qui peuvent naître à toute heure de leurs rapports avec les aigris de la vie, leurs clients de tous les jours. On dit qu'ils sont incertains de leurs devoirs devant à la fois obéir aux directions quelquefois différentes de leurs chefs directs, du maire, de l'administration ou des autorités locales. Tout cela est exact pour partie. La vérité est que ces agents sont placés aux premières lignes de défense dressées contre la misère, et que, dans ces postes d'action, ils sont aux prises avec des difficultés qui n'existent pas pour leurs collègues occupés, dans la paix de leurs bureaux, à des travaux d'état-major. Ils ont tous pour mission d'accueillir les malheureux, de noter leurs demandes, de distinguer leurs besoins, de dépister les imposteurs et d'assurer l'exacte distribution des secours qui sont attribués par leurs bureaux. Après une période d'acclimatation dont la durée peut varier, l'employé prend conscience de son utilité ; il sait que ses fonctions engagent sa responsabilité, qu'il ne doit pas s'offenser des propos que peuvent tenir sur son compte les malheureux, qu'on lui demande de faire preuve d'initiative et de sang-froid, qu'il a à tenir un rôle personnel. Au bureau de bienfaisance, tous les agents ont une valeur individuelle qui se précise et s'affirme dans le service. Beaucoup, qui ont pu comparer, aiment mieux se trouver là qu'en tout autre poste de leur grade.

Ils sont répartis au nombre d'un peu plus de 200 entre les vingt bureaux d'arrondissement suivant le total de la population à secourir. Le bureau qui possède le plus nombreux personnel compte 22 agents ; celui qui en a le moins, en a 5 seulement. Le service est le même partout ; mais il est clair que la division du travail doit varier, les agents étant d'autant plus spécialisés que leurs collègues sont plus nombreux.

Les grandes divisions du travail dans un bureau de bienfaisance sont les suivantes : les visites, l'émission des bons de secours, le service de la population, le service médical, la caisse, la comptabilité et la correspondance.

*
* *

Les visiteurs

Les visiteurs sont chargés de renseigner l'autorité qui attribue les secours. Pour cela, ils doivent examiner toutes les demandes qui parviennent au bureau, se rendre à domicile auprès des demandeurs, vérifier la réalité de leurs dires et apprécier la nature de leurs besoins. Les renseignements essentiels qu'ils ont à fournir sont précisés par un questionnaire imprimé portant sur l'âge et l'état civil du demandeur, de sa femme, de ses enfants et des autres membres de sa famille habitant dans le ménage ; sur le prix du loyer, la nature et la condition du logement, sur les dettes et les ressources, enfin sur la durée du séjour à Paris. Il n'est pas toujours facile de réunir tous ces éléments du rapport à faire. Tous les malheureux ne comprennent pas la nécessité d'une enquête aussi sévère, alors qu'ils se trouvent dans une détresse extrême et que le secours à recevoir ne peut être important. En plus, il arrive que la lettre de demande n'est pas toujours sincère, soit que les demandeurs aient volontairement exagéré leur dénuement dans l'espoir d'obtenir davantage, soit qu'ils aient avancé des affirmations évidemment contraires à la vérité. Alors, ils ne veulent pas se mettre

en contradiction avec eux-mêmes ; ils se révoltent contre
les conclusions qui se dégagent de leurs réponses. Il
n'est pas rare qu'ils prennent directement à partie le
visiteur ; et tous les moyens leur sont bons pour marquer la violence de leur ressentiment ou la fureur de
leur déconvenue. Enfin, il y a parmi les malheureux
des gens qui cachent leur misère et qui sont désolés
d'apprendre que leur appel, fait au maire ; pourra être
entendu de leurs voisins ou du concierge de leur maison. On apporte bien, autant qu'on le peut, de la discrétion dans les enquêtes ; mais on ne peut éviter
qu'un visiteur ne soit connu dans la région où son service l'appelle tous les jours, ni que la curiosité des voisins ne soit éveillée quand cet agent se présente pour
interroger. On voit combien le rôle du visiteur est délicat, combien il demande du tact et de la prudence.
Il peut encourir des reproches si les renseignements
qu'il apporte ne sont pas complets ; il s'expose, d'autre
part, à des récriminations parfois véhémentes, si ses
conclusions ont pour effet l'ajournement ou le refus
de secours.

C'est sous l'empire de ces considérations que l'administration avait autrefois posé la règle des trente ans
d'âge et des quinze ans de services, règle qu'elle observait
exactement pour la nomination des visiteurs. Elle avait
la préoccupation d'obtenir ainsi la formation d'un personnel technique chargé de fonctions spéciales. Seulement, comme le cadre des visiteurs était beaucoup trop
restreint pour le travail à faire, à côté des titulaires qui

possédaient le grade, se trouvaient leurs collègues bien plus nombreux qui, sans avoir le grade, occupaient la fonction. Depuis peu, tous les employés jusqu'alors connus sous les diverses dénominations de visiteurs, d'expéditionnaires, d'auxiliaires temporaires et permanents ont été confondus dans le cadre unique des commis dont le traitement varie, suivant les classes de 1.800 à 3.900 francs. Il appartiendra aux chefs des différents services de discerner les aptitudes des agents placés sous leurs ordres et de distribuer entre eux les fonctions. L'avenir dira si cette pratique ne réserve pas quelques mécomptes.

Faut-il dire l'histoire des « visiteurs » dont il ne reste plus que des débris ? Les premiers qui ont été nommés l'ont été à la suite d'un arrêté du 7 avril 1849 ; ils furent choisis hors du cadre des employés de l'administration et devaient être onze en tout, jouissant d'un traitement de 1.000 et 1.200 francs. Déjà, en 1837, par application de l'ordonnance royale du 5 septembre fixant les attributions et le mode de fonctionnement de la Commission Centrale chargée d'attribuer les secours Montyon, des employés de la division des secours avaient été désignés pour recueillir à domicile des renseignements sur la situation des personnes qui réclamaient le bénéfice de cette fondation. On s'était fort bien trouvé de cette innovation et, dans quelques bureaux, l'administration avait été sollicitée de nommer, ou mieux de laisser nommer par eux-mêmes, des employés rétribués pour le service des visites. Il serait bien difficile de préciser dans quelle mesure, pour quels arrondissements et à quelles dates, on procéda à ces nominations.

Voici, cependant, une indication qui pourra nous éclairer.

A la date du 24 juillet 1849 le personnel auxiliaire du bureau de bienfaisance de l'ancien XIe arrondissement se composait de dix employés ; il fut réduit à cinq sur la demande du préfet de la Seine qui voulait à ce moment diminuer les frais d'administration (1). On peut de là tirer une conclusion : en dehors des cadres réguliers, qui pour le XIe arrondissement se composaient du secrétaire-trésorier et de deux commis, les bureaux disposaient d'agents supplémentaires assez nombreux qu'ils nommaient, payaient eux-mêmes et affectaient sans doute au service des visites. En 1849, l'administration entreprit de réaliser les propositions de Vée dans le sens d'une centralisation de plus en plus étroite ; d'abord, en créant pour elle-même un corps de visiteurs chargés d'instruire les demandes relatives aux secours Montyon ; puis en réclamant la libre disposition des lits d'hospices, se proposant d'examiner en dehors

---

1. *Registres des délibérations de l'ancien XIe arrondissement* :

« M. le Préfet ayant exprimé le désir que le personnel du service
« auxiliaire soit réduit à deux employés, le bureau regrette de ne pou-
« voir opérer une aussi forte réduction au moment de réorganiser ce
« service sur de nouvelles bases.

« Ce personnel qui se compose actuellement de dix employés sera
« réduit temporairement à cinq, à partir du 1er août. M. P..., employé
« du service auxiliaire depuis 1847, fait l'abandon de son traitement
« afin de diminuer les frais d'administration, et quatre employés seule-
« ment recevront un traitement pendant le mois d'août. »

des bureaux la situation des pétitionnaires (1). L'administration se heurta sur ce point à une résistance très vive qui prit fin seulement le 27 août 1860 par la création de la commission chargée d'examiner les demandes d'admission dans les hospices. Quoi qu'il en soit, depuis 1849, le nombre des visiteurs attachés à l'administration centrale ne cessa d'augmenter, en même temps que leurs attributions.

On avait successivement soumis à une enquête préalable les secours distribués par l'administration centrale ; puis les demandes d'hospitalisation, en 1860 ; puis les admissions dans les établissements spéciaux, dans les services de traitement externe des hôpitaux et chez les sages-femmes agréées ; enfin, on s'était préoccupé de connaître la situation des personnes traitées dans les hôpitaux, afin de poursuivre éventuellement le recouvrement des frais de séjour. Pour assurer ce travail, on avait fait appel, au fur et à mesure des besoins, à des agents dont la condition était tout à fait différente de celle du personnel régulier. Ils ne pouvaient pas bénéficier d'une pension de retraite ; ils étaient nommés, non pas par le préfet, mais par le directeur de l'Assistance Publique et choisis parmi des candidats âgés de moins de soixante ans et de plus de quarante ; ils devaient satisfaire, devant un inspecteur, aux épreuves d'un examen élémentaire portant sur l'écriture, l'orthographe et le calcul ; puis, ils subissaient un stage

---

1. Délibération du 30 novembre 1849 du bureau de bienfaisance du XIᵉ arrondissement. (Voir aux Annexes).

de courte durée ; enfin, ils étaient acceptés, mais non pas commissionnés. Leur situation était si précaire qu'en 1871, sous la Commune, beaucoup de ces agents, restés à Paris sur l'ordre de leurs chefs, eurent peur pour leur place. Ils ne savaient comment ils s'y prendraient pour faire valoir leurs titres au retour à Paris du gouvernement régulier. Heureusement, comme pendant toute la durée des troublants événements de cette époque, ils n'avaient pas cessé d'être payés par l'administration réfugiée à Versailles, conformément d'ailleurs à la tolérance des autorités fédérales, ils n'eurent à subir aucune interruption de services et rien ne fut changé à ce moment dans le mode de recrutement. On peut seulement constater que dans les années qui suivirent 1871, un nombre assez notable d'anciens officiers qui avaient fait la campagne, furent chargés des fonctions de visiteurs.

A la date du 28 décembre 1881, vingt-quatre visiteurs furent répartis par l'administration centrale entre les vingt bureaux de bienfaisance. Le Conseil Municipal venait d'attribuer aux bureaux une importante subvention dans la pensée de leur confier dorénavant l'instruction des demandes de secours émanant des nécessiteux (1). Ceux qui furent maintenus à l'administration centrale eurent pour mission les enquêtes pour admission dans les maisons de retraite, les enquêtes dans la banlieue, les visites dans les divers arrondissements de

1. Rapport de M. Bourneville, 1881, n° 85.

Paris à l'occasion des demandes de secours retenues par l'administration centrale, le service des fiches constituant le répertoire central des inscrits et le recensement de la population indigente.

En 1888, l'administration qui voulait avoir des employés plus jeunes et mieux instruits, institua un concours pour le recrutement du personnel auxiliaire. A partir de ce moment, les visiteurs furent choisis parmi les employés de cette catégorie, comptant trente ans d'âge et cinq ans de service, et le traitement de ces agents, dès lors soumis à la retenue ordinaire pour la caisse des retraites, fut payé sur les crédits du personnel et non plus, comme autrefois, sur tous les chapitres et sous-chapitres du budget. Les visiteurs étaient définitivement incorporés dans les cadres réguliers du personnel.

Comme on voit, il leur fallut quarante ans pour obtenir leurs lettres de grande naturalisation. C'est que le principe même du « visiteur salarié » avait été soutenu et combattu avec des arguments sans cesse reproduits, sous les formes les plus diverses, pendant cette longue période.

C'est en 1845, dans une brochure intitulée *Du Paupérisme et des Secours publics dans la Ville de Paris*, que, pour la première fois, Vée proposa nettement la création d'un corps d'employés rétribués, chargés de faire des enquêtes à domicile. Déjà, en 1837, dans un mémoire rédigé pour la Société des Etablissements Charitables, Vée, parlant de l'administrateur dont il avait rempli les fonctions avant d'être nommé adjoint au maire de l'ancien Vᵉ arrondissement, avait écrit cette phrase : « Il n'hésitera donc pas à prendre, s'il est « nécessaire, sur le fonds des secours eux-mêmes ce « qu'il faudra pour en assurer la juste distribution, pour « éclairer sa conscience dans le choix qu'il fera des mal- « heureux qui doivent y participer » ; et plus loin : « Nous voudrions moins les juger (les bureaux) sur le « chiffre absolu de leurs dépenses d'administration que « sur l'emploi plus ou moins judicieux qui a pu en être « fait (1). » Cette fois Vée est beaucoup plus net. Il part de cette idée que *rien n'est cher comme le bon marché*, et sans vouloir amoindrir le mérite de l'administrateur, il déclare qu'on ne saurait lui demander *cet assujettisse- ment de tous les instants, ces démarches pénibles et régulières que comporterait la bonne administration des secours ;* il conclut en réclamant l'extension de l'institu- tion des employés visiteurs, déjà éprouvée par l'admi- nistration des hospices.

La réponse ne se fit pas attendre. Est-ce donc, dit M. Dufillio, à des visiteurs salariés, qui ne viendraient chez lui que pour calculer la valeur de son chétif mobilier, que pour s'enquérir froidement de la quantité des secours qu'il reçoit, que le pauvre ouvrirait les secrets de son cœur ? Est-ce d'eux qu'il consentirait à recevoir des avis, des réprimandes et une direction morale ? Ne sait-on pas, dit un autre, que partout où existe deux agents, l'un gratuit, l'autre salarié mais

1. *Bulletin de la Société des Etablissements Charitables*, t. III, p. 86 (Annexes).

à poste fixe, celui-ci, malgré l'infériorité de sa position, finit par avoir de fait la meilleure part d'influence
et d'autorité? Or la prédominance des administrateurs gratuits dans les secours charitables est et doit
rester un principe (1). Ecoutez encore l'abbé Pététot :
« Ce (2) n'est pas non plus en diminuant les charges et
« les obligations du service gratuit, en le rendant plus
« facile et moins assujettissant, qu'on encouragera et
« qu'on soutiendra le zèle et le dévouement. Bien au
« contraire, les œuvres les plus assujettissantes, celles
« qui exigent le service le plus pénible, sont en même
« temps celles auxquelles on se porte avec le plus d'ar-
« deur, qu'on embrasse avec le plus de joie, auxquelles
« on s'attache avec le plus de confiance, dont on remplit
« les obligations avec le plus de fidélité, d'exactitude et
« de conscience, et pour lesquelles l'intérêt et le zèle,
« loin de s'affaiblir jamais vont toujours croissant. » Il
est à peine besoin d'indiquer qu'au système préconisé
par Vée, on opposait, de toutes parts, l'injustice d'un
accroissement des dépenses dont les pauvres devaient
faire les frais.

Est-il bien certain que les « agents salariés » ne puissent jamais faire preuve de sentiments de solidarité
sociale, et que, d'autre part, le « personnel bénévole »
doive toujours demeurer étranger à toute considération
d'intérêt personnel? En tous cas, la question dans les
termes où Vée l'avait posée était de celles qui ne peu-

1. Martin-Doisy. *Dictionnaire d'Economie Charitable*, t. II, p. 233.
2. *Annales de la Charité*. Année 1845, p. 604.

vent pas être tranchées. Elle a été débattue depuis 1845 jusqu'à nos jours. Maintenant encore, on oppose les mérites du personnel bénévole à ceux de l'employé rétribué ; et la sagesse commande, semble-t-il, de ne pas prendre parti entre ces opinions extrêmes. C'est sans doute pour cette raison que les employés visiteurs sont demeurés si longtemps en marge du personnel régulier et que, dans les bureaux de bienfaisance ils cèdent encore le pas aux administrateurs et commissaires quand ces derniers déclarent se charger de leurs attributions. C'est ainsi que dans les IIIe et XIe arrondissements toutes les enquêtes, sauf celles du service médical, sont faites par le personnel bénévole ; il en était de même il n'y a pas longtemps, dans le V[o] arrondissement. Cependant, on peut dire que l'idée de faire faire les visites à domicile par le personnel rétribué est généralement acceptée, et, pour partie tout au moins, réalisée dans tous les bureaux.

Le service sédentaire

Le service sédentaire est assuré par des employés de tous grades, de 9 heures du matin à 6 heures du soir. Autant qu'on le peut, chacune des grandes divisions du travail est attribuée à un employé spécial, l'ensemble des opérations se trouvant ainsi contrôlé de lui-même par la marche même du service ; mais cet avantage ne peut être obtenu dans sa plénitude que dans les seuls bureaux où les agents sont en nombre. Dans les petits ou les moyens, un même employé se trouve nécessairement obligé de s'occuper de plusieurs choses à la fois et les occupations sont nombreuses et variées. Il faut payer les bons et titres de secours, renseigner le public, recevoir et enregistrer les demandes, convoquer les commissions, donner suite à leurs décisions, rédiger les procès-verbaux, tenir à jour et en ordre les fiches et les dossiers individuels, dresser et vérifier tous les mois les contrôles des indigents inscrits en tenant compte des changements de domicile, des augmentations et diminutions de secours, assurer la distribution et le paiement mensuel des cartes de secours, répondre aux demandes de médecin et de sage-femme, constituer les dossiers en vue du placement dans les hospices, ou de l'obtention de certains secours de fondation, réclamer pour les malheureux diverses faveurs telles que billets de chemin de fer à prix réduit, actes de l'état civil, gratuité de frais funéraires, exemption de certaines taxes et impôts, établir les états de recettes et de dépenses, tenir les registres de comptabilité en deniers et en matières, entretenir la correspondance avec toutes les personnes qui à des titres divers appartiennent au bureau, répondre à toutes les demandes générales ou individuelles venant de l'administration centrale ou de la Préfecture de la Seine, enfin organiser et surveiller la quête annuelle à domicile. On voit par cette nomenclature qui n'est pas complète, mais seulement indicative, combien il existe de détails dans

les services journaliers de ces bureaux qui ont la charge
de milliers de personnes. Il n'est pas possible dans de
telles conditions d'éviter des frais assez élevés de personnel. Avec le temps, l'autorité supérieure a mis en
demeure les bureaux de justifier de chacun de leurs
actes, en sorte que le travail d'écritures, d'archives et
de classement s'est accru dans des proportions considérables. Avant 1831, on se contentait, dans les bureaux,
d'une organisation rudimentaire, familiale, pourrait-on
dire ; de nos jours, surtout depuis 1895, il n'est pas
de service public qui soit plus fortement constitué, ni
plus sévèrement contrôlé. C'est qu'en effet l'idée d'assistance s'est précisée au cours du XIX° siècle ; l'institution,
qui apparaissait sous la Restauration comme un établissement d'assurance édifié au seul profit de la paix publique, est devenue pour l'opinion un organe de justice
réparative ; le droit au secours qui n'est pas toujours
reconnu par la loi est entré peu à peu dans les mœurs ;
la demande du malheureux est accueillie ou rejetée non
plus par un motif d'utilité générale, mais parce qu'il est
juste de l'accueillir ou de la rejeter. Sans doute l'individu ne peut pas directement, ou par représentant, obtenir la reconnaissance d'un droit ; cependant les instructions réglementaires, qui lient le personnel, sont assez
précises pour que le pauvre bénéficie de certaines garanties d'ordre et d'exactitude.

D'ailleurs, une part importante de la population
nécessiteuse se trouve avoir maintenant des droits certains, reconnus par la loi. L'assistance est devenue obli-

gatoire pour les vieillards, les infirmes et incurables qui sont privés de ressources. Toute demande quelconque, même injustifiée, pourvu qu'elle soit formulée par écrit, doit faire l'objet d'une instruction et aboutir à une décision, contre laquelle des voies de recours sont ouvertes. Il faut recevoir la demande, l'enregistrer, s'enquérir exactement de l'état-civil des demandeurs, rechercher si véritablement il sont dépourvus de moyens d'existence et s'ils n'ont pas de parents tenus à la dette alimentaire, leur faire subir, s'il y a lieu, un examen médical, afin de déterminer la nature de leurs infirmités et le degré d'incapacité de travail qui en est la conséquence, enfin provoquer l'avis de l'administration et la proposition du bureau. Il s'agit là d'un travail minutieux et très lourd si l'on songe qu'il doit être répété chaque année pour des milliers de personnes. Et ce n'est encore qu'une opération préparatoire ; car après notification de la décision prise par le directeur de l'Assistance Publique, il faudra procéder aux mesures d'exécution. Il faudra dresser les fiches et contrôles des assistés, établir leurs titres de paicment, obtenir les provisions de chaque mois, et après avoir effectué les dépenses, en justifier dans les formes rigoureuses qui sont prescrites par les règles de la comptabilité publique.

Il n'est pas possible, dans ces conditions, de se passer d'un personnel nombreux et exercé. Si l'on tentait, sur ce point, d'imprudentes économies, les bureaux ne seraient plus en état de faire face à leurs obligations, et l'expérience des faits ne tarderait pas à faire de cette vérité l'éclatante démonstration.

****

Les Rédacteurs Principaux

C'est en 1862, à la suite d'un arrêté préfectoral du 6 février, que, pour la première fois, des rédacteurs principaux ont été placés dans les cadres des bureaux de bienfaisance des IVe, V^e, XI° et XIIIe arrondissements. Depuis, cette mesure a été successivement étendue à tous les bureaux. Cela s'explique par l'importance que ces services ont acquise. Il fallait pourvoir au remplacement du secrétaire-trésorier, en cas d'absence ou d'empêchement ; il fallait assurer d'une façon permanente la surveillance du service et des employés ; il fallait enfin créer des grades intermédiaires pour assurer un bon recrutement des agents chargés de diriger. On a songé dans ces derniers temps à les supprimer, disant qu'ils seraient plus utiles dans les bureaux de l'administration centrale. Les auteurs de ce projet ne savent pas que, journellement, il se produit dans les bureaux de bienfaisance des incidents qui doivent être réglés immédiatement, sans qu'il soit possible pour se couvrir, d'aller consulter un employé supérieur ; cette situation exige du personnel une connaissance très complète des règlements et de toutes les ressources qui sont à la disposition des services d'assistance. Le secrétaire-trésorier n'est pas toujours présent ; il faut qu'il se déplace soit pour visiter les établissements qui sont

placés sous sa surveillance, soit pour les besoins de sa
caisse, soit pour répondre aux convocations de l'administration centrale, soit enfin pour remplir les diverses
missions qui lui sont confiées par le maire. Il est indispensable qu'il existe auprès de lui un agent ayant autorité pour le suppléer. Il n'est pas non plus indifférent de
rappeler que le service comporte des travaux de statis-
tique, de comptabilité et de correspondance qui sont parfois délicats et qui réclament, si l'on veut qu'ils soient
bien faits, des connaissances générales assez étendues.
Il est très heureux qu'il existe des rédacteurs principaux
dans les bureaux de bienfaisance ; il serait seulement à
souhaiter que ceux-ci fussent assurés d'un avancement
aussi rapide que leurs collègues de l'administration
centrale ; ce qui n'a pas toujours lieu, parce qu'on ne
se rend pas exactement compte de leurs mérites.

Les gardiens de bureaux

Les agents de service des bureaux de bienfaisance sont
au nombre de 42. Ils sont maintenant recrutés parmi
les anciens sous-officiers, ayant droit à un emploi
civil, ils reçoivent un traitement qui varie de 1.600 à
2.400 francs, suivant leur grade.

Ils ont les mêmes obligations que tous leurs collègues,
gardiens de bureaux dans les administrations et les
ministères ; ils en ont, en outre, de spéciales.

Il existe dans tous les bureaux de bienfaisance une
correspondance active avec l'administration centrale,

les maires et adjoints, conseillers municipaux, administrateurs et commissaires, médecins et sages-femmes,
habitants de l'arrondissement qui s'adressent au bureau
pour demander ou pour donner. Les bureaux ont aussi
à opérer des versements ou à faire des encaissements ;
ils ont, pour payer leurs menus secours, à se procurer
de la monnaie d'or et d'argent. Ils doivent encore lever
des troncs ou recevoir le produit de collectes, ce qui
entraîne une manipulation d'espèces parfois importante. L'agent de service est donc, suivant les circonstances, un garçon de courses, un facteur, un garçon
de recettes et de comptoir. Il est anssi un employé. C'est
lui qui fait les bandes des convocations adressées aux
malheureux, qui classe et cherche les dossiers, qui tire
les nombreuses circulaires adressées aux administrateurs, commissaires ou médecins ; c'est lui encore qui
surveille l'approvisionnement des imprimés de toute
nature ; enfin il lui arrive de remplacer effectivement
un employé absent, surtout dans les petits bureaux,
pour renseigner le public ou dresser la feuille de réquisition pour le médecin. On voit que cet emploi, si
modeste d'apparence, est véritablement important. Il
faut pour le remplir convenablement de la probité, de
la sobriété, du tact, une bonne tenue et une bonne santé,
car le service est fatigant, puisqu'il commence à
8 heures du matin pour finir à 6 heures du soir.

Cependant, ces agents ne jouissent pas de tous les
avantages de leurs collègues de l'administration centrale.
C'est seulement à la date du 30 juin 1855 qu'ils ont été

admis à profiter des dispositions du décret de 1809, relatif aux pensions de retraites, et seulement dans la limite
d'un gardien par arrondissement. Il résulte de cette décision, qui est toujours en vigueur, que, sur les 42 agents.
de service, 20 seulement, les plus anciens, versent à la
caisse des retraites. L'administration, sur la demande
des intéressés, a réclamé contre cet état de choses qui
n'est pas justifiable en équité ; mais, jusqu'à présent,
l'autorité supérieure n'a pas fait droit à cette réclamation. La situation de ces agents s'est même modifiée
depuis peu dans un sens défavorable. Depuis 1898, ils
sont tenus de payer le loyer des logements qu'ils occupent dans les mairies, ce loyer étant fixé au dixième de
leurs appointements. Antérieurement, et depuis une
époque très reculée qu'il serait sans doute difficile de
préciser, ils étaient logés gratuitement. On leur deman-
dait en retour certains services, comme par exemple de
concourir à la surveillance qui est assurée par des rondes de nuit, après la fermeture des portes des mairies.
Il est regrettable que le Conseil Municipal ait renoncé à
cette longue tolérance. Cet avantage du logement inci-
tait les gardiens de bureaux de l'administration à rechercher ces postes de confiance ; ils appelaient cela leur
« amélioration » ; on pouvait choisir entre tous les meilleurs, et le secrétaire-trésorier avait à portée, d'une
manière permanente, un homme de service pour les
courses urgentes et pour la défense de la caisse, en cas
de nécessité.

Les agents de service, comme tous les employés des

bureaux de bienfaisance, n'ont été favorisés ni par l'administration ni par les circonstances, malgré les services incontestables qu'ils ont toujours rendus, à toute époque, depuis un siècle.

*
* *

Les Dames visiteuses

- Des dames-employées sont attachées aux bureaux de bienfaisance au nombre de quarante environ, sous la dénomination de dames-visiteuses. Elles sont nommées par le directeur de l'Assistance Publique et reçoivent un traitement qui varie, suivant les cinq classes de leur grade, de 1.800 à 2.600 francs ; en outre, elles bénéficient d'une indemnité annuelle de 400 francs, dite de logement. Les premières nominations faites dans ce cadre remontent à une vingtaine d'années, c'est-à-dire à l'époque des premières laïcisations des maisons de secours. Autrefois, les sœurs attachées à ces établissements étaient chargées de visiter à domicile les malades traités par les médecins des bureaux. Elles ne s'acquittaient pas très régulièrement de cette partie de leur service. Les sœurs se considéraient, en effet, comme dépendant avant tout du curé de leur paroisse ; elles faisaient d'abord les visites qui leur étaient demandées par les œuvres paroissiales, notamment par les conférences de Saint-Vincent de Paul, en sorte que les malades des bureaux étaient rarement visités par elles. L'administration pensa, au moment de leur disparition,

qu'il convenait d'adjoindre aux médecins un personnel
de dames pour surveiller l'administration des remèdes
et avertir le bureau quand des secours paraîtraient nécessaires. Cette pensée d'origine est encore apparente
aujourd'hui, puisqu'on exige des dames, qui sollicitent
cet emploi, la production du diplôme d'infirmière des
hôpitaux.

Les dames-visiteuses sont réparties entre les vingt
arrondissements suivant les besoins de chaque bureau,
Elles sont généralement chargées de visiter les malades
et les nourrissons ; mais on peut aussi leur demander de
faire des remplacements dans les dispensaires, d'aller à
domicile poser des ventouses et apposer des pointes de
feu, ou faire des enquêtes pour l'instruction des demandes de secours. Dernièrement, l'administration ayant
voulu réduire le nombre des bains et des pansements
gratuits dans les hôpitaux, réclama l'avis des bureaux
sur la situation de fortune des personnes qui fréquentent les consultations hospitalières. Presque partout, ce
sont les dames visiteuses qui ont été désignées pour aller
prendre des renseignements à domicile. Enfin, quelques-unes ont des emplois sédentaires dans les secrétariats de bureaux de bienfaisance. Ainsi les attributions des dames-visiteuses se sont peu à peu étendues.
Ce sont maintenant de véritables employées dont les
occupations se différencient parfois fort peu de celles de
leurs collègues masculins.

Tout le monde n'est pas d'accord sur la valeur pro-
fessionnelle de ce personnel. Le nombre des candidates

pour ces emplois étant considérable, et les nominations n'étant pas faites après concours, toutes doivent leur entrée dans l'administration à d'influentes interventions. Parfois, elles ont des obligations de famille ou doivent obéir à des convenances personnelles qui sont une gêne pour l'exact accomplissement de leur service. Enfin, les femmes sont souvent arrêtées par leur santé, en sorte que les absences pour cause de maladie sont beaucoup plus fréquentes chez elles que parmi les hommes. Toutes ces observations sont véritables ; mais les inconvénients qui en résultent sont, pour ainsi dire, la suite nécessaire de la décision qu'on a prise en appelant les femmes dans les bureaux de bienfaisance. On peut fort bien profiter de leur présence, en tirant d'elles des services qu'elles sont capables de rendre. Evidemment, si l'on ne tient pas compte de la proportion des absences établie par l'expérience, et qui dans l'administration des Postes s'élève à 30 0/0 de l'effectif ; si l'on charge les dames d'enquêtes trop nombreuses et trop fatigantes, dépassant la limite de leurs forces ; si l'on manque de ménagement, en les envoyant dans des repaires, qui sont dangereux pour elles ; des mécomptes, doivent se produire. Mais, d'autre part, leur concours sera précieux si l'on veut bien leur faire confiance en usant des aptitudes dont elles ont fait la preuve. Les dames-visiteuses sont bien reçues dans les intérieurs des malheureux ; elles sont écoutées, notamment, quand elles conseillent sur les soins à donner aux malades et aux enfants ; les rapports d'enquête qu'elles font à l'occasion des prix de fondation font valoir des considérations auxquelles un homme ne songerait pas ; par exemple, quand il s'agit de désigner une jeune fille méritante pour un secours de 1.000 francs, dépendant de la fondation Rothschild. Enfin, elles prennent généralement intérêt à leurs fonctions ; leur sensibilité s'éveille facilement ; et il arrive qu'elles cherchent et découvrent dans leurs relations personnelles des aides étrangères pour soulager leurs malheureux clients. Dans beaucoup de bureaux, les dames-visiteuses ont maintenant des partisans convaincus, même parmi ceux qui, à l'origine, les avaient accueillies avec réserve, sur la demande répétée de l'administration centrale.

A l'origine les dames-visiteuses, comme leurs collègues les dames-surveillantes de dispensaires, n'avaient droit à aucune pension de retraite ; elles étaient d'ailleurs nommées et maintenues en fonctions sans aucune limite d'âge. Depuis 1903, il n'en est plus ainsi. Elles ne peuvent entrer dans l'administration avant vingt-cinq ni après quarante ans ; elles sont mises d'office à la retraite, quand elles atteignent leur soixantième année ; et dès l'âge de cinquante ans, elle peuvent bénéficier de la pension de retraite constituée pour elles par des versements de l'administration à la Caisse Nationale des Retraites pour la Vieillesse. Leur situation se trouve donc notablement améliorée ; cependant elles ne jouissent pas des avantages offerts au personnel administratif, nommé par le préfet de la Seine, et placé, au point de vue de la retraite, sous le régime du décret de 1809.

*
* *

Les Dames-Surveillantes

Ce qui vient d'être dit des dames-visiteuses s'applique exactement aux dames-surveillantes, en ce qui concerne les conditions de nomination et de traitement. Celles-ci sont au nombre de 35. Généralement, elles sont logées dans un dispensaire. Elles doivent leur concours aux médecins chargés de la consultation ; elles ont la surveillance de la maison, et reçoivent, en outre, diverses missions du bureau de bienfaisance.

Comme auxiliaires des médecins, les dames-surveillantes reçoivent les malades qui viennent consulter. Elles assurent le bon ordre dans la salle d'attente, et introduisent chaque personne auprès du médecin. Elles se tiennent à la disposition de ce dernier pour les pansements, qui peuvent être répétés plusieurs jours de suite, et ont la garde et l'entretien de tous les instruments et objets divers dont le praticien peut avoir besoin. Les opérations de la consultation et de la séance de pansements, qui en est la suite, se prolongent généralement de 8 heures du matin à midi. La dame-surveillante doit ensuite faire procéder au nettoyage et au rangement des salles et des instruments. Elle est aidée, dans ce travail, par la fille de service.

Comme surveillante de la maison, la dame-surveillante s'occupe de toutes les questions d'ordre intérieur, qui se rapportent à l'entretien et au bon ordre. Elle doit signaler les travaux à faire ou les réparations urgentes. Elle a la responsabilité des magasins et généralement de tout le matériel du dispensaire.

Comme auxiliaire du bureau de bienfaisance, la dame-surveillante doit s'assurer que la clientèle du dispensaire est composée exclusivement de gens qui ont aptitude à recevoir les secours médicaux. Pour cela, elle doit se renseigner, au besoin par des visites à domicile, et signaler au secrétariat du bureau de bienfaisance les personnes qui paraissent avoir des ressources suffisantes pour se faire soigner à leurs frais. Elle se conforme ensuite aux décisions prises par le bureau. Souvent, elle est chargée d'autres missions, par exemple de répondre aux réquisitions des médecins du traitement à domicile pour la pose de ventouses chez les malheureux qui sont au lit, ou de faire des visites aux femmes en couches et aux mères-nourrices. À ce point de vue, les fonctions de la dame-surveillante varient, dans chaque arrondissement, suivant les habitudes adoptées par les bureaux.

Comme leurs collègues, les dames-visiteuses, elles rendent des services qui sont appréciés. Elles en rendraient bien davantage, si elles étaient aidées. C'est par elles que l'assistance des malades à domicile pourrait être assurée ; mais il faudrait pour cela disposer d'un nombre suffisant de concours pour parer à toutes les exigences de ce lourd fardeau. On n'a pas trouvé jusqu'ici l'organisation qui répondrait à ce besoin.

*
* *

Les Quêteurs

Tous les Parisiens connaissent, au moins de réputation, la quête annuelle des bureaux de bienfaisance.

Vers le mois de novembre, apparaissent, sur les murs
des vingt arrondissements, de grandes affiches où les
maires et tous les membres des bureaux font connaître
au public les opérations effectuées dans l'année et sollicitent sa générosité ; en même temps, des lettres sont
envoyées à domicile pour le même objet. Autrefois,
cette quête était l'une des graves préoccupations des
bureaux ; car, c'était là que ces derniers trouvaient la
plus importante de leurs ressources ; et tous, administrateurs, commissaires et dames-patronesses rivali-
saient de zèle pour réaliser les plus fructueuses collectes. Aujourd'hui, cette opération a perdu beaucoup de
son intérêt. Depuis l'institution de l'unité de caisse,
en 1895, les recettes intérieures ne profitent plus que
très indirectement aux bureaux qui les ont faites ; la
subvention, c'est-à-dire le revenu de l'impôt, est devenu
l'élément essentiel du budget des recettes. Cependant,
la quête conserve encore son caractère local et le résultat qu'on en tire, surtout dans les arrondissements du
centre, n'est pas négligeable.

On a recours, suivant les lieux, à divers moyens pour
y procéder. Tantôt, on se borne à encaisser les dons
parvenus par la poste, ou à les faire percevoir à domi-

cile par les agents de service ; tantôt, on s'en remet au personnel bénévole ; tantôt, enfin, on fait appel à des quêteurs salariés. C'est à ce dernier parti que s'est ralliée la grande majorité des bureaux de bienfaisance.

Les quêteurs sont choisis, en dehors du personnel administratif, par le maire, ou mieux par le secrétaire-trésorier, qui est responsable de l'ensemble des opérations. Ces agents doivent se présenter chez toutes les personnes dont l'adresse est consignée sur des carnets établis à l'avance et comprenant toutes les rues et toutes les maisons de l'arrondissement. Généralement, ces carnets sont la copie, tenue à jour, des contrôles des contribuables. On y fait figurer l'indication des dons recueillis l'année précédente et les quêteurs doivent noter tous les changements qu'ils constatent au cours de leurs visites. Ils se présentent, deux ensemble, dans les maisons, et sont porteurs d'une carte d'identité, signée du maire, et d'un carnet à souches, d'où ils tirent des reçus revêtus de leurs signatures. Tous les soirs, ils doivent remettre le produit de la collecte de la journée et sont payés à raison de 10 0/0 sur le total de leurs recettes.

On a souvent critiqué l'emploi des quêteurs salariés pour la quête à domicile, disant que leurs salaires étaient trop élevés et qu'il vaudrait mieux user des services d'hommes connus dans les quartiers, capables par conséquent d'obtenir davantage de leurs concitoyens. L'expérience a fait justice de cette opinion. C'est un travail fatigant que de parcourir tous les étages des maisons pour répéter la demande des bureaux de bienfaisance. On n'est pas certain de rencontrer partout un accueil favorable, car depuis plusieurs dizaines d'années, l'Assistance Publique rencontre des adversaires déclarés, sinon bien informés. Le personnel bénévole a demandé de lui-même à ne plus faire les quêtes. On avait d'ailleurs remarqué que si les administrateurs recherchaient avec soin les grosses offrandes, ils négligeaient les petites qui sont de beaucoup les plus nombreuses. En outre, on obtenait difficilement de leur part une exactitude journalière pour le versement des recettes, ce qui entraînait parfois des irrégularités fâcheuses. Ces raisons ont déterminé peu à peu les bureaux à renoncer aux habitudes d'autrefois et à faire appel aux quêteurs salariés. Quant au salaire lui-même, il est certain que dans les régions d'abondantes recettes la remise de 10 0/0 est avantageuse ; mais, dans les autres, elle est à peine suffisante, et l'on trouve si difficilement des amateurs que le personnel change presque tous les ans. Or, il est important que les mêmes personnes se présentent régulièrement aux mêmes époques ; il s'établit entre elles, les donateurs et les concierges des immeubles, des habitudes de confiance qui facilitent le service et dans une certaine mesure sont un obstacle aux entreprises de ces aventuriers qui quêtent pour eux-mêmes au nom des pauvres. Tous les ans, des escroqueries de ce genre sont signalées aux commissaires de police ou au parquet, et les bureaux prennent souvent la précaution d'en avertir le public dans leurs affiches.

Ainsi l'usage des quêteurs salariés apparaît comme justifié et leur salaire n'est pas excessif. Les recettes s'éva-
nouiraient, si ceux qui les font n'avaient pas un intérêt
personnel à les maintenir à leur niveau.

Le contrôle de ces opérations offre une sécurité suffisante. Sur la production des souches remises par les quêteurs, les bureaux adressent à tous les donateurs des lettres de remerciement qui constatent le montant de leurs
offrandes. Toute différence entre les chiffres accusés par
ces lettres et ceux de la quittance remise par les quêteurs,
provoque des demandes d'explications qui sont faciles
à satisfaire puisqu'il suffit de se reporter aux carnets
à souches versés au bureau de bienfaisance. Et, quand
les lettres sont expédiées avec un peu de retard, il n'est
pas rare de voir les donateurs eux-mêmes venir les
réclamer. On peut dire que la quête annuelle offre toute
les garanties possibles de régularité et de probité. Malheureusement, l'Assistance Publique souffre de la concurrence de très nombreuses œuvres privées qui plaisent
davantage, bien que, parfois, elles n'offrent pas des
garanties équivalentes.

*
* *

Les Pharmaciens

Il y a moins de vingt ans, dans les arrondissements,
les ordonnances délivrées par les médecins de l'assistance à domicile étaient exécutées pour partie par les
maisons de secours, quand il s'agissait de médicaments

simples, et pour le reste, c'est-à-dire pour les médicaments magistraux ou composés, par les pharmaciens de la ville, conformément à une nomenclature arrêtée par l'administration de l'Assistance Publique. Les sœurs, qui étaient chargées de la petite pharmacie des maisons de secours, recevaient de la pharmacie centrale des hôpitaux les produits à distribuer, et se trouvaient placées sous la surveillance et le contrôle des pharmaciens des hôpitaux ; quant aux pharmaciens de ville, ils devaient observer les limites fixées en poids et quantités par la nomenclature, et devaient consentir un rabais de 40 0/0 sur les prix du tarif de la Société de Prévoyance des Pharmaciens de la Seine. Aujourd'hui les pharmaciens de la ville concourent encore au fonctionnement du service dans les arrondissements ou quartiers où il n'existe pas de pharmacies municipales ; quant aux petites pharmacies des maisons de secours, elles ont disparu, à la suite de la laïcisation.

En 1889, le maire du XIe arrondissement demanda, au nom de son bureau, la création de pharmacies municipales destinées à remplacer les pharmacies de ville. On pensait réaliser ainsi une économie sur le prix des médicaments, et assurer aux malheureux la fourniture de produits de meilleure qualité. L'administration avait, en effet, acquis la conviction que les malades ne recevaient pas toujours les médicaments prescrits par les médecins, soit qu'eux-mêmes aient demandé la remise de produits différents, soit qu'ils aient dû consentir à recevoir des substances qui n'auraient pu trouver leur écoulement auprès des clients ordinaires. Qualité supérieure et moindre dépense, tels étaient donc les deux résultats qu'on prétendait atteindre en organisant des pharmacies municipales. Pour cela, on utilisait les locaux vacants dans les anciennes maisons de secours, on chargeait la pharmacie centrale des hôpitaux de préparer les médicaments qui peuvent faire l'objet d'un approvisionnement, et l'on désignait des pharmaciens, munis du diplôme de 1re classe, pour diriger les nouvelles officines municipales. L'économie apparut, de suite, comme très réelle. Successivement, plusieurs bureaux demandèrent à profiter des avantages du nouveau régime, en sorte qu'aujourd'hui il existe dix-huit établissements de ce genre, dont l'administration se déclare satisfaite.

Il convient d'examiner avec attention les divers éléments de ce service afin de dégager quelques conclusions d'ensemble.

Le personnel se compose de trois éléments distincts : les pharmaciens, les élèves et le personnel subalterne.

. Les pharmaciens doivent être Français et munis du diplôme de pharmacien de 1re classe. Ils sont nommés après concours (1) par le directeur de l'Assistance Publique. Ils ont la responsabilité de leur officine, et sont répartis en trois classes dont le traitement est respectivement de 3.300, 3.700 et 4.100 francs ; ils sont logés dans les locaux du dispensaire.

____

1. Arrêté du directeur en date du 6 mars 1906.

Les titulaires actuels ne sont pas issus du concours dont l'institution est toute récente. Ils ont été choisis par l'administration dans les milieux les plus divers. Les uns sont d'anciens pharmaciens de ville retirés des affaires, d'autres d'anciens préparateurs à l'école de Pharmacie ou dans les laboratoires, notamment au laboratoire municipal de la Ville de Paris. Eux-mêmes ont émis le vœu que leurs futurs collègues fussent soumis aux épreuves d'un concours. Il est bien probable que dans l'avenir ce personnel sera surtout composé de pharmaciens désirant se consacrer à des recherches scientifiques. En effet, les grades universitaires confèrent à leurs titulaires des points d'avance avant l'ouverture du concours, et, dans le service, l'administration ne refuse pas à ses agents le moyen de continuer leurs travaux personnels, par exemple, comme professeurs à l'école de Pharmacie.

L'emploi de pharmacien de dispensaire n'est pas très absorbant. Sans doute, le service est permanent, puisqu'il ne chôme que les dimanches et jours fériés à partir de 1 heure après midi et reste ouvert pendant les autres jours de 8 heures du matin à 8 heures du soir. Pendant tout ce temps, le pharmacien a la surveillance et toute la responsabilité des préparations et de l'ensemble du service. Mais, il est aidé ; ce sont les élèves qui exécutent les ordonnances et font les préparations.

*
* *

Les Aides Pharmaciens

Les élèves, comme leurs chefs, sont recrutés au concours parmi les étudiants en pharmacie qui comptent au moins quatre inscriptions de scolarité. Sous le régime antérieur à 1906, les aides-pharmaciens étaient choisis en dehors de toute catégorie. Parmi eux, il se rencontrait à la fois des pharmaciens qui n'avaient pas réussi dans leur profession, d'anciens garçons de laboratoire, ou même des personnes tout à fait étrangères à la profession. On leur donnait une indemnité annuelle de 1.800 francs, pensant qu'ils ne s'éterniseraient pas dans de telles fonctions.

Au contraire des prévisions, les aides-pharmaciens demeurèrent en place. On risquait ainsi de constituer un corps de malheureux ; car, le traitement qu'on leur assurait, et qui pouvait convenir à des jeunes gens, était tout à fait insuffisant pour des hommes ayant des charges normales de famille. En outre, ce personnel n'offrait pas de garanties suffisantes. L'administration fut ainsi amenée à réformer un état de choses qui pouvait entraîner des conséquences fâcheuses. Elle fit appel aux étu-. diants en même temps qu'elle licenciait les aides-pharmaciens. Les uns furent versés, après examen, dans les cadres du personnel administratif, les autres furent remerciés avec indemnité. Les nouveaux venus ne répondirent pas en grand nombre à l'appel de l'administration, soit que le concours n'ait pas été précédé d'une publicité suffisante, soit que les avantages offerts n'aient pas paru substantiels. On parvint cependant à réunir le nombre d'élèves indispensables. Il est permis de penser que dans l'avenir le nombre et la valeur des candidats augmentera, quand seront mieux connues les conditions du concours. On donne à ces jeunes gens une indemnité de 1.200 francs pour la première année et de 1.300 francs et 1.400 francs pendant les deux suivantes. Ils sont nommés pour un an, la continuation de leurs services ne pouvant être obtenue que sur la demande de leurs chefs.

Ainsi l'administration est parvenue à faire de cet emploi une occupation essentiellement temporaire destinée à des étudiants en cours d'études. C'est là un avantage évident dont il convient de tenir compte en constatant cependant qu'il est acheté au prix d'une élévation des frais de personnel. Il fallait laisser à ces jeunes gens le temps de poursuivre leurs études; on a dû pour cela remplacer l'ancien aide-pharmacien par deux élèves, ce qui constitue une augmentation certaine de dépenses. Mais le plus sérieux inconvénient du nouveau régime n'est pas là. Il est dans le contact journalier des élèves-pharmaciens avec la population malheureuse qu'ils doivent servir. Il peut, à cette occasion, se produire des incidents du genre de ceux qu'on déplore parfois dans les établissements hospitaliers. On peut penser que ces incidents étaient moins à craindre autrefois de la part de personnes plus âgées qui tenaient à leurs emplois.

Les Garçons de laboratoire

Les garçons de laboratoires sont des employés subalternes chargés d'entretenir les locaux de la pharmacie et d'assister le pharmacien et ses élèves dans les manipulations quelquefois fatigantes de leur service. Il faut recevoir les produits enfermés dans des caisses ou dans des tonneaux, tenir la cave en ordre, pulvériser certaines matières, laver des récipients de toute taille ; ce sont là des travaux qui réclament du soin, de la probité et de la sobriété. Les garçons de laboratoires sont payés 1.800 francs par an et souvent sont mariés à la concierge de la maison qui est en même temps femme de service attachée à la consultation du dispensaire. Cette combinaison qui permet d'employer l'homme et la femme dans deux services différents à l'intérieur d'une même maison a l'avantage de procurer au ménage des ressources relativement importantes et de permettre aux deux époux de s'aider mutuellement dans leurs travaux journaliers ; mais elle présente l'inconvénient de provoquer parfois des tiraillements entre pharmaciens et dames-surveillantes, les uns et les autres pouvant être entraînés à s'occuper des détails du service voisin dont ils n'ont pas la direction.

*
* *

Les Résultats de la Régie

Les dépenses comparées des deux services, pharmacies de dispensaires et pharmacies de ville, donnent les résultats suivants pour les années 1901, 1902, 1903 et 1904 : le prix de l'ordonnance s'est élevé successivement dans les dispensaires à 0 fr. 991, — 1,034, —

1,07, — 1,041 ; et dans Paris, à 1 fr. 492, — 1,465, — 1,416, — 1,31. Ces chiffres représentent une économie. moyenne de 26 0/0 en faveur des pharmacies de dispensaires. Mais il convient de remarquer que l'écart n'est pas considérable et que le prix de l'ordonnance tend à s'élever dans le service en régie, de même qu'il baisse ailleurs. Or il faut prévoir une nouvelle augmentation quand se feront sentir les conséquences de la substitution des étudiants aux aides-pharmaciens. Il faut songer aussi que les pharmaciens obtiendront sans doute un jour, et peut-être prochainement, un relèvement de leurs traitements.

Enfin, il n'est pas possible d'oublier que les éléments dont se compose le prix de revient ne tiennent compte ni du revenu des frais de premier établissement, ni du loyer des locaux occupés. Il est donc permis de penser que, dès maintenant, le prix de l'ordonnance est égal dans l'un et l'autre services ; et que, dans peu d'années, il sera plus élevé dans les dispensaires. Les produits sont incontestablement meilleurs dans ces derniers établissements, parce qu'ils proviennent tous de la pharmacie centrale des hôpitaux ; mais la population nécessiteuse a plus de peine à se les procurer, les dispensaires étant peu nombreux, alors que les pharmacies de ville sont toujours à portée. En somme, il n'est pas certain que l'administration ait fait une bonne affaire en instituant les pharmacies de dispensaires. Peut-être eût-il été préférable de découvrir un moyen de contrôle efficace sur les pharmacies de ville.

Les Secrétaires-Trésoriers

Les secrétaires-trésoriers des vingt arrondissements de Paris sont choisis par le préfet de la Seine, sur la proposition du directeur de l'Assistance Publique, parmi les rédacteurs principaux ou les sous-chefs de cette administration, et quelquefois parmi les économes des hôpitaux. Ils ont un traitement qui varie de 5.000 à 7.000 francs, suivant la classe à laquelle ils appartiennent. Ils peuvent obtenir le bénéfice d'une classe exceptionnelle à 8.000 francs. Ils sont logés à la mairie où se trouve leur bureau, et la valeur représentative de ce logement, soit le dizième du traitement, est ajoutée au total des appointements en argent pour le calcul des versements à faire à la caisse des retraites. Ils doivent fournir un cautionnement dont le montant est généralement fixé à 10.000 francs ; cependant, pour quelques-uns, ce cautionnement est de 8.000, chiffre qui, au moment de l'annexion à Paris des anciennes communes suburbaines, avait été fixé, pour quelques arrondissements, par l'arrêté préfectoral du 16 décembre 1859.

Leur avancement a lieu à l'ancienneté (1). Il est bien entendu, disait un ancien arrêté du Conseil général des Hospices, « que les traitements les plus élevés appartiendront toujours aux agents les plus anciens dans

1. Voir aux annexes.

l'ordre des nominations ». L'arrêté préfectoral du
3 mai 1904, réglant la situation du personnel administratif, a posé une règle nouvelle, dans son article 14,
disant que « l'avancement de classe dans tous les grades est donné pour un tiers au choix et pour deux tiers
à l'ancienneté » ; mais, jusqu'ici, l'administration n'a
pas usé de cette faculté, elle n'a pas fait de nomination
au choix. En voici, sans doute la raison. Ce sont les
maires qui notent les secrétaires trésoriers et l'on peut
dire que toujours leurs appréciations sont favorables. Il
ne peut en être autrement, car s'ils avaient des sujets
de plainte, ils demanderaient et obtiendraient le déplacement de ces agents, en qui il est nécessaire qu'ils aient
confiance. On comprend que dans ces conditions, il soit
bien difficile à l'administration de faire des choix qu'il
faudrait ensuite justifier.

Le secrétaire-trésorier dépend de deux autorités : du
maire, qui est le chef direct, et du directeur de l'Assistance publique, qui propose au préfet de la Seine toutes
les décisions à prendre, qu'il s'agisse de promotions
ou de mutations. Généralement le secrétaire-trésorier
termine dans ce grade sa carrière administrative ; il
n'est pas rare, au moment de sa mise à la retraite,
qu'il compte dans ses fonctions vingt et même vingt-
cinq ans de services.

Les règles qui définissent la fonction ont été posées
pour la première fois en 1816. On peut dire qu'elles ont
à peine varié bien que des modifications profondes
aient été apportées dans le fonctionnement des bureaux

de bienfaisance depuis l'époque lointaine de la Restauration (1).

Ainsi que son titre l'indique, le secrétaire-trésorier est à la fois un comptable et un chef de secrétariat. Comme comptable, il y a la garde de la caisse et des magasins ; il fait des recettes et des approvisionnements ; il effectue des dépenses et rend compte de ses opérations. Sous le régime antérieur du décret du 15 novembre 1895, il était justiciable de la Cour des Comptes ; depuis la promulgation de ce décret, il n'est plus qu'un sous-comptable, comme les économes et directeurs d'établissements hospitaliers ; ce qui veut dire qu'il agit pour le compte d'un autre, du receveur de l'administration, lequel présente seul, maintenant, le compte de gestion et répond aux injonctions qui lui sont faites à cette occasion. Comme secrétaire, il a toute la charge du travail intérieur, qu'il s'agisse de comptabilité, d'écritures ou de correspondance. Il est le chef de tout le personnel administratif réparti entre le secrétariat du bureau de bienfaisance, les dispensaires et les pharmacies municipales. Il a le droit en même temps que le devoir d'assister à toutes les réunions de son bureau, plénières ou de commissions (2). C'est lui qui rédige les procès-verbaux, pro-

1. Voir aux annexes les extraits de l'Instruction sur l'Ordonnance Royale du 2 juillet 1816. — L'Ordonnance de 1816 marque la date de la création des secrétaires-trésoriers, non pas des bureaux de bienfaisance. Ceux-ci, bien avant la loi du 7 frimaire an V, sont nés, dans les quarante-huit sections de Paris, dès le jour où les Bureaux de Charité des paroisses ont été supprimés et remplacés par les Comités de Bienfaisance.

2. L'Ordonnance royale de 1831 a fait du secrétaire-trésorier un mem-

voque les décisions et en assure l'exécution. Dans les discussions, il intervient avec voix consultative, soit pour rappeler le sens des délibérations antérieures, soit comme réprésentant du directeur de l'Assistance Publique auprès de l'autorité locale. Il est placé en plein centre de la vie communale d'arrondissement et se trouve l'intermédiaire désigné entre le maire, le bureau et l'autorité supérieure ; il est en rapports journaliers avec les administrateurs, commissaires, dames-patronesses, médecins, sages-femmes, hommes politiques, notables habitants et fonctionnaires divers de l'administration municipale, de la police, de la justice de paix et des œuvres locales. On voit par cette simple énumération que, chez ce fonctionnaire, les attributions du secrétaire sont de beaucoup plus nombreuses et plus variées que celles du trésorier. Il n'en était pas de même autrefois.

Il semble bien qu'obéissant aux exigences de l'opinion publique, l'autorité supérieure tende à rendre le secrétaire-trésorier responsable de tout le service du bureau de bienfaisance. C'est ainsi qu'à l'occasion d'un suicide, par exemple, le secrétaire-trésorier pourrait être invité à faire la preuve que le bureau, organe public d'assurance contre l'extrême misère, a rempli exactement le rôle qui lui est attribué et que lui-même ne peut être inquiété pour cause d'erreur ou de négligence. De même, à la suite d'un malheur public, d'un incendie,

bre du bureau ; elle ne lui a pas donné un droit de vote, mais il peut, et doit intervenir dans tout débat pour réclamer l'observation des règlements.

d'un accident ou d'une grève, et à défaut d'une autre
intervention, il a le devoir de provoquer de la part de
son bureau, ou du maire, une demande d'ouverture de
crédits pour soulager les infortunes collectives. De même
encore, en présence de misères exceptionnelles, il est
tenu de payer lui-même, sans aucun délai, le secours
d'urgence indispensable à un malheureux qui se trouve
sans aucun moyen de subsistance, sous la réserve de
rendre compte et d'obtenir, le lendemain, la régularisa-
tion d'une décision que le bureau, aux termes des règlements, avait seul le droit de prendre.

On n'aurait pas songé, il y a quelques années, à mettre en cause le secrétaire-trésorier dans de semblables
circonstances. Il ne possède personnellement aucun
pouvoir de décision et s'il entre dans ses attributions de
surveiller le travail intérieur des employés, c'est dans
une certaine mesure le bureau lui-même qui doit diriger ce travail. A l'origine, nous voulons dire en 1816,
ce sont les bureaux qui nommaient leurs secrétaires-
trésoriers, du moins ils présentaient directement les
candidats au choix du Conseil général des Hospices.
L'agent-comptable se trouvait ainsi placé dans une dépendance étroite ; il n'était pas membre du bureau ; il n'était
pas consulté ; toute l'autorité appartenait au maire et à
la commission administrative. Le temps, la loi et la
volonté du Conseil général des Hospices, puis, après
1849, celle du directeur de l'Administration générale
ont bouleversé les situations premières.

Voici quelles étaient les occupations journalières d'un

secrétaire-trésorier de la Restauration (1). Le secrétariat et la caisse, comme le logement de cet agent, étaient situés dans une maison de secours. C'était le maire, président du bureau, qui lui donnait connaissance des instructions de l'administration des hospices. Le bureau de charité avait la charge d'un certain nombre d'octogénaires, de septuagénaires et d'infirmes qui recevaient des secours mensuels en argent, fixés respectivement à 8, 5 et 3 francs, mais les sommes nécessaires au paiement étaient versées par l'administration centrale et remises par le secrétaire-trésorier aux administrateurs qui faisaient eux-mêmes les distributions. Les autres secours étaient tous payés en nature sous forme de comestibles divers, de combustibles et de vêtements, par l'entremise des sœurs affectées aux maisons de secours. Le service des malades était laissé aux soins exclusifs des médecins bénévoles et du bureau. Les écoles de charité se trouvaient placées sous la surveillance de comités locaux choisis par le maire et le préfet de la Seine. Le secrétaire-trésorier n'avait pas à intervenir dans tout ce fonctionnement ; il se bornait à payer les fournisseurs et à garnir les magasins, conformément aux délibérations prises par le bureau.

De même pour les recettes. Il encaissait les fonds généraux, spéciaux et extraordinaires qui lui étaient remis par l'administration et les dons qui provenaient de souscriptions individuelles ou de collectes faites personnellement

---

1. V. aux annexes, les opérations d'un secrétaire-trésorier de 1829 en recettes et dépenses.

par chacun des administrateurs. Ici, encore il n'avait aucune initiative à prendre, aucune surveillance à exercer sur les personnes. Il était un teneur de livres et un caissier. Enfin, le bureau de charité lui-même, qui avait peu de ressources, n'était pas tenu d'assister l'ensemble des malheureux, mais seulement ceux d'entre eux qui avaient été choisis, dans la limite des recettes effectuées. L'action de ces bureaux sur les pauvres n'était pas négligeable, non plus que la fonction du secrétaire-trésorier qui assurait l'ordre et la régularité dans les opérations de comptabilité, mais cette action n'est pas comparable à celle du bureau de bienfaisance contemporain.

Aujourd'hui, ce bureau est l'organe naturel des secours publics. Peu à peu, de facultative qu'elle était, l'assistance au pauvre est devenue obligatoire. Et les obligations résultent non pas seulement des lois récentes qui ont affirmé la dette sociale, mais des ressources mêmes qui sont venues, les unes après les autres, grossir les budgets des bureaux pour être distribuées à diverses catégories de malheureux dans des conditions déterminées. C'est le service médical qui s'est trouvé organisé de telle sorte que toute personne nécessiteuse ayant besoin de soins médicaux peut en trouver, soit au dispensaire, soit dans sa maison même, si elle n'est pas en état de sortir. C'est l'inscription au secours qui a été assurée, sans limitation de crédits, quand se trouvent réunies les conditions d'âge, d'infirmité et de dénuement réglementaires. C'est le secours individuel qui peut être sollicité, tous les jours, devant une commission quasipermanente, à l'occasion de tous les accidents de la vie.

On comprend que, dans ces conditions, le secrétaire-trésorier, qui est le fonctionnaire principal du bureau, doive en assurer le fonctionnement. Toute demande qui lui parvient directement ou par l'intermédiaire de l'administration, du maire, ou d'une personne quelconque, doit donner lieu de sa part à une instruction. Car, le demandeur a droit à une réponse, non, parce que ce droit lui est reconnu par un texte, mais parce que les règlements intérieurs obligent le fonctionnaire à faire cette réponse.

Pour assurer le service, le secrétaire-trésorier a sous ses ordres des agents nombreux chargés de prendre des renseignements ; il use en outre de la collaboration qui est offerte par le personnel bénévole. Il paie les secours à ses guichets ; il reçoit les malheureux et entend leurs réclamations ; il assiste aux commissions et s'assure qu'elles fonctionnent régulièrement. Sa surveillance est directe sur le personnel administratif ; partout ailleurs, elle s'exerce par l'intermédiaire du maire ou du directeur de l'Assistance Publique. Assurément, le secrétaire-trésorier n'est le chef ni du personnel bénévole, ni du personnel médical ; cependant il manquerait aux devoirs de sa charge si, constatant un défaut de fonctionnement, il ne cherchait pas à y remédier avec l'aide du maire et, au besoin, en réclamant l'intervention de l'autorité supérieure. En somme, c'est bien lui qui est devenu la cheville ouvrière de l'organisme tout entier ; mais il n'a pas un rôle de directeur et ce point mérite d'être précisé.

Dans les travaux préparatoires du décret de 1895 apparaît cette opinion, qui n'a pas prévalu, que le personnel bénévole devait disparaître, le bureau de bienfaisance laissant la place à une simple agence de secours. Dans ce système, le directeur de l'Administration, investi par la loi de 1849 d'une responsabilité s'étendant à toutes les branches du service des secours, absorbait les attributions des anciennes commissions administratives et agissait seul dans les arrondissements par les soins de son subordonné direct, le secrétaire-trésorier. Au contraire de cette conception, le bureau de bienfaisance se compose de trois éléments : les membres nés (maire, adjoints et conseillers municipaux) ; les agents bénévoles (administrateurs, commissaires et dames patronesses) ; et les agents administratifs rétribués par l'administration. Aux deux premiers appartient la direction ; au troisième l'exécution. Ainsi, le fonctionnaire est placé sous la surveillance et le contrôle permanent des citoyens occupant auprès de lui des fonctions publiques. Grâce à cette combinaison, qui est vieille de cent ans, l'organe parisien d'assistance n'a pas un caractère bureaucratique. Il est capable d'initiative ; il est aux mains de personnes qui ont une mission de patronage et peuvent être considérées comme les représentants autorisés des pauvres. Ses attributions ont été modifiées, mais non pas supprimées par le décret de 1895, et le secrétraire-trésorier, qui est le subordonné du directeur de l'Assistance Publique, ne peut accomplir aucun acte de direction ou de gestion sans la permission du maire ou l'assistance de l'administrateur-contrôleur, nommé par le bureau.

Il possède, cependant, des attributions personnelles qui lui viennent, non pas des textes, mais des responsabilités qu'il encourt de la part de diverses autorités. Il est un comptable, et, comme tel, il est soumis aux inspections organisées par l'administration de l'Assistance Publique, par le préfet de la Seine, et par le ministre des Finances ; il est, en outre, le chef d'un service administratif, et doit répondre, à ce point de vue, aux demandes d'explications des mêmes inspections, et, en outre, du service central dont il dépend et de l'inspection générale du ministère de l'Intérieur. La responsabilité crée des droits, de même que le droit entraîne des responsabilités. Il a donc le droit de s'opposer à toute mesure irrégulière ; il doit refuser d'agir quand on lui demande d'accomplir un acte contraire à ses obligations, que cette demande lui vienne de son bureau, ou d'ailleurs. On peut dire qu'à tout moment, depuis l'époque de son institution, le secrétaire-trésorier s'est trouvé dans une situation analogue ; mais c'est de nos jours, notamment depuis la mise en vigueur de la loi de 1905, que les pouvoirs propres du secrétaire-trésorier ont apparu avec une complète évidence.

Au regard de cette loi, il est le dépositaire des droits des malheureux. Il leur doit des comptes ; et si, par sa faute, une des formalités légales n'était pas accomplie, il n'est pas douteux qu'il ne s'expose ainsi à des réclamations pouvant entraîner même des compensations civiles. D'autre part, il lui suffira d'établir que ses opérations ont été régulières pour être dégagé de tout souci, quand bien même le résultat désiré par les demandeurs n'aurait pas été obtenu. Sous le régime de l'assistance obligatoire les limites de compétence des organes et des personnes sont définies par la loi; autrefois, elles l'étaient par des règlements intérieurs et des circulaires souvent contradictoires. On peut dire que les droits et les devoirs de chacun apparaissent d'une façon plus précise. Le secrétaire-trésorier est devenu le mandataire de la nouvelle justice d'assistance.

On a souvent fait reproche à ce fonctionnaire d'avoir plus de souci des intérêts ou des tendances de son arrondissement que des directions qui lui sont données par l'administration centrale. Et il a souffert de cet état d'esprit, à toutes les époques, depuis la date de création des postes « d'agents comptables », en 1816. A l'origine c'est le long retard que ces agents ont dû subir, jusqu'en 1821, avant d'être appelés, ainsi d'ailleurs que les employés de leurs bureaux, à bénéficier des avantages de la pension de retraite assurée pour leurs collègues de l'administration et des établissements hospitaliers par le décret de 1809. Puis, ce sont les différences de traitement que l'on peut constater, à certaines époques entre eux et les directeurs d'hôpitaux ou d'hospices, qui ont cependant un grade équivalent dans la hiérarchie administrative. Enfin, dans les temps immédiatement contemporains, c'est la tentative faite d'imposer aux secrétaires-trésoriers un changement d'arrondissement pour chaque promotion de classe.

Les collaborateurs immédiats de l'administration centrale n'ont jamais su se rendre un compte exact de la situation qui est faite aux secrétaires-trésoriers, ni des nécessités en face desquelles ils se trouvent. Il faut qu'ils connaissent la population indigente et qu'ils lui viennent en aide ; il faut qu'ils usent des concours bénévoles et que, pour cela, ils sachent gagner la confiance des personnes établies auprès d'eux. C'est à cette double condition qu'ils pourront être utiles, aussi bien dans l'accomplissement journalier des devoirs de leur charge, que dans leur mission de représentants de l'administration auprès des autorités locales. Ils ont besoin d'une certaine liberté d'action afin de ménager les convenances personnelles de chacun et de se faire écouter dans leur milieu ; il ne faut pas la leur refuser, à la condition toutefois qu'ils ne perdent pas de vue les règlements à observer.

A diverses reprises, on a songé à créer des catégories parmi les arrondissements, et pendant une période assez longue, de 1854 à 1878, les secrétaires-trésoriers ont été répartis en trois ou deux classes, comportant des traitements différents (1). C'est en 1903 que, pour la dernière fois, le conseil de surveillance a examiné cette question.

---

1. Voir aux annexes.

Il était saisi d'un projet tendant à rendre les classes territoriales. A la suite d'un rapport de M. Risler, maire du VIIᵉ arrondissement, et des observations de M. Ambroise Rendu, conseiller municipal, il a été reconnu que l'intérêt du service ne permettait pas de prendre une telle mesure. Si des avantages particuliers étaient consentis à certains bureaux, réputés comme difficiles, il arriverait fatalement que ceux-ci, avec le temps, seraient tous occupés par des fonctionnaires âgés, près de leur retraite et peu enclins à faire effort, alors que tous les éléments jeunes et actifs se trouveraient ailleurs. Comment, en effet, l'administration pourrait-elle refuser d'accorder des avantages matériels à des agents qui, comptant de longs services et justifiant d'appréciations favorables, demanderaient à en bénéficier ? Elle se priverait des avantages qui sont la suite de l'expérience acquise par les secrétaires-trésoriers dans le lieu même de leurs fonctions ; et, du même coup, elle imposerait à ces derniers des déplacements à la fois onéreux et dangereux, le fonctionnaire n'étant jamais certain de réussir dans un arrondissement où il n'a pas d'attache. Il n'y a pas d'exemple d'un secrétaire-trésorier, en fin de carrière, demandant un arrondissement du centre de Paris, afin d'avoir un service plus léger ; mais si cette éventualité venait à se produire, l'administration pourrait sans doute, dans une pensée de bienveillance, retenir une telle demande, et cela vaudrait mieux que d'imposer à de vieux serviteurs un effort de dernière heure, en vue d'améliorer la pension de retraite.

Il résulte de cette étude que les secrétaires-trésoriers ont des attributions infiniment variées, très délicates, et que leur action est essentielle dans le fonctionnement des secours à domicile.

*
* *

Conclusion

Les personnes qui composent le personnel bénévole, médical et administratif de l'assistance à domicile, forment une véritable armée, en face de la misère qu'il s'agit de combattre. Les éléments qui composent cette armée sont très divers ; il se recrutent dans tous les milieux ; ils sont en continuelle évolution, et n'ont pas tous entre eux de contacts permanents ; même, on a pu noter certains antagonismes qui sont regrettables. Cependant, l'ensemble est capable d'un effort considérable ; il suffirait de le vouloir pour instituer une organisation presque parfaite (1).

La sécheresse de cœur qu'on reproche si volontiers, et si peu justement, au personnel employé de l'Assistance Publique ; les erreurs de sentiment auxquelles sont exposées les œuvres privées et les particuliers ; le néant des moyens et des informations auquel se heurtent les gens de bien qui font isolément la charité ; tous ces défauts disparaissent dans une organisation où l'employé professionnel renseigne le patron d'occa-

---

1. Voir aux Annexes le début d'un article publié en 1831 sur les bureaux de bienfaisance.

sion et lui apporte, avec des informations précises,
toutes les études assemblées depuis un siècle par une
puissante administration. Malheureusement, cette administration se défie du concours de ses auxiliaires bénévoles, l'employé n'apporte pas à ces derniers tous les
renseignements nécessaires, et eux-mêmes ne réclament pas toujours les informations et les renseignements qui leur sont indispensables pour le bon accomplissement de leur mission.

Ce défaut de cohésion n'exitait pas au début du
XIXᵉ siècle. Les bureaux avaient peu d'argent à leur disposition ; ils étaient obligés de découvrir eux-mêmes de
nouvelles ressources ; ils consacraient à cet objet tous
leurs soins, puis ils recherchaient le meilleur emploi à
faire de leurs recettes.

Les études théoriques et pratiques étaient poursuivies
avec une attention passionnée et l'Administration des
hospices y aidait spontanément. Il suffira pour appuyer
la portée de cette observation de rappeler les ouvrages
dé de Gérando et les publications du Conseil général
des hospices, faites en 1829 et 1830, pour servir de gui-
des au personnel bénévole (1). Quelques philanthropes

___

1. De Gérando : *Le Visiteur du Pauvre*, Paris, 1826, 1 vol. in-8°. —
De la Bienfaisance publique. Paris, 1838, 4 vol. in-8°.

Les Hospices civils de Paris. *Recueil de Réglemens et Instructions*. Paris,
1829, 1 vol. in-4°. — *Manuel des Commissaires et Dames de Charité*.
Paris, 1830, 1 vol. in-8°

Voir aux Annexes, la « note préliminaire » précédant les « les renseignements divers à l'usage de MM. les Administrateurs des Bureaux de
Charité ».

avaient déjà cherché sous le premier Empire à étudier les questions d'assistance. Sous la Restauration, les premiers principes de l'assistance à domicile ont été dégagés. Il n'a pas manqué de bonnes volontés agissantes et nous vivons encore sur des traditions qui datent de cette époque. En même temps que de Gérando, il est juste de citer les noms de ses collègues, Duplay, Jourdan, de Jussieu, le duc de Liancourt, Pélégot, Valdruche, qui, en dehors du Conseil général des hospices et avec Pastoret, de Chabrol, Carnot, de Cormenin, de Lesteyrie et tant d'autres, se rencontraient aux réunions de la Société des Etablissements charitables, de la Société pour l'Instruction élémentaire, de la Caisse d'épargne, et généralement de toutes les institutions qui avaient pour objet l'amélioration matérielle, intellectuelle et morale des classes les plus nombreuses et les plus pauvres. Tous ces hommes, ouvriers de notre société contemporaine en formation, cherchaient à réaliser quelques-unes des idées répandues dans le monde par les philosophes du xviiie siècle et les politiques de la Révolution. Ils s'y employaient avec une ardeur d'autant plus vigoureuse qu'ils avaient des adversaires dont ils voulaient triompher. Et la bataille des idées, d'où est sorti le progrès social, notamment en matière d'assistance, s'est prolongée, avec d'autres noms, bien au delà de la Révolution de 1848.

Aujourd'hui, les temps héroïques sont passés, les ressources, qui sont beaucoup plus larges, proviennent en grande partie de l'impôt ; ce qui veut dire que leur possession ne coûte aucun effort à ceux qui en disposent. De même, personne ne songe plus à contester les bienfaits de l'instruction, de l'association, de l'épargne et de l'assistance sous toutes ses formes. Il n'y a plus d'émotion, parce que la lutte a cessé ; et ce sont les pouvoirs publics eux-mêmes qui sont établis sur le terrain conquis par les belles initiatives de nos pères. Cependant, cette indifférence est plus apparente que réelle. D'autres problèmes sollicitent l'opinion. Les congrès, les sociétés d'études, aussi bien que les assemblées parlementaires ont fait naître un idéal de solidarité sociale qui a pénétré partout, notamment parmi les agents si nombreux de l'assistance à domicile. Il suffirait de bien peu de chose pour réveiller chez eux les énergies éteintes ; on le voit bien à la chaleur qui se dégage des discussions toutes les fois qu'on délibère sur les meilleurs moyens à employer pour assurer aux malheureux la jouissance de droits qui ont été reconnus comme légitimes. On découvrira difficilement ailleurs autant de personnes mieux informées des besoins du pauvre et plus capables de l'aider utilement. Il ne faut pas perdre le bénéfice de ces concours qui sont à portée ; mais, au contraire, se les assurer par des encouragements, des égards et des enseignements exclusifs de toute contrainte, car la méthode d'autorité ne convient plus à nos aspirations, ni surtout à l'esprit de nos institutions.

ANNEXES

*Aperçu topographique de divers quartiers de Paris consi-
dérés dans leurs rapports avec la population indigente
qu'ils renferment.*

(Extrait du rapport fait à la Société des Etablissements charitables par Vée, Maire-Adjoint du Ve arrondissement en
1835.)

Nous allons présenter une esquisse rapide de la position
topographique, de l'aspect particulier et des ressources
qu'offrent à la charité chacun des douze arrondissements, et
pour le faire nous les suivrons dans l'ordre où il a plu à l'administration de les placer.

Le Ier arrondissement qui s'étend de la plaine des Mousseaux au Jardin des Tuileries, de l'arc de triomphe de l'E-
toile au Louvre, renferme ce que Paris offre de plus somptueux monumens, de plus magnifiques promenades. Les
quartiers du faubourg Saint-Honoré et de la place Vendôme
sont habités par des personnes aussi haut placées par leur
fortune que par leur naissance, ou les emplois qu'elles remplissent. Les ambassadeurs des grandes puissances, les
étrangers les plus distingués y ont presque tous leurs hôtels;
et un don qui sous d'autres rapports n'est devenu que trop
célèbre a montré naguère de quelle libérale charité, pour

nos pauvres, quelque-uns d'entre eux savent reconnaître l'hospitalité que leur offre la France. Cet arrondissement peut trouver dans son sein des ressources qu'un petit nombre d'autres possèdent au même degré ; cependant, il n'est pas aussi brillant dans toutes ses parties. Les hauteurs de Chaillot, les quartiers placés entre la plaine des Mousseaux et le faubourg du Roule, sont des localités fort pauvres et dont les habitants viennent souvent grossir les contrôles du bureau de bienfaisance.

Le IIe arrondissement, dont la circonscription embrasse les quartiers du Palais-Royal, de la Bourse et de la Chaussée d'Antin, est de tous le plus uniformément riche ; de délicieuses habitations embellies de tout ce que les arts et le goût moderne ont pu offrir de plus élégamment raffiné à l'opulence de nos sommités financières et industrielles, couvrent une partie de son territoire ; l'autre est occupée par nos plus brillants théâtres, par les magasins d'objets de luxe, les somptueux hôtels garnis, les restaurans les plus renommés, les lieux de plaisir de toutes espèces, et, il faut bien le dire aussi, par les rendez-vous de la débauche et des vices dorés. Partout les richesses y circulent ou s'y engouffrent ; chaque pouce de terrain ne s'y vend que couvert d'or ; où donc la pauvreté trouverait-elle à établir sa triste demeure ? Quelques asyles cependant lui sont encore laissés dans les parties les plus rapprochées des barrières, encore est-ce pour peu de temps sans doute, car ces lieux reculés eux-mêmes voient chaque jour s'élever de superbes constructions ; et en attendant que l'indigence en ait tout à fait disparu, nous devons croire que rien n'est plus aisé que de trouver à côté d'elle de quoi soulager ses misères et ses douleurs.

Le IIIe arrondissement ne le cède guère en richesse à son brillant voisin : les quartiers de la place des Victoires, Montmartre et Poissonnière sont remplis d'opulentes maisons de commerce. Les parties élevées des faubourgs Saint-Denis et Poissonnière offrent seules un aspect plus pauvre, et doivent fournir au bureau de bienfaisance des inscriptions plus nombreuses.

Resserré entre l'église Saint-Eustache et les quais, le Louvre et la rue Saint-Denis, le IVe arrondissement est celui dont le territoire est le moins étendu, la population la plus compacte, la circonscription la moins irrégulière. Absolument central, aucune de ses parties ne touche aux barrières de la ville, et cette circonstance ne lui est commune qu'avec les VIIe et IXe arrondissements. Les halles et autres grands marchés sont renfermés dans ses limites, et influent, comme on le pense bien, sur la nature de sa population qui, toute commerçante, offre cependant un aspect entièrement différent de celui des quartiers que nous avons déjà parcourus. Ici, le luxe ne se montre nulle part ; cependant le négoce de draps, de toiles, de comestibles et autres denrées de première nécessité, amène l'opulence dans des maisons qui conservent leur simplicité première, et dont aucun faste extérieur ne trahit l'importance ou ne l'exagère. Si ces habitudes d'ordre, de calcul et de stricte économie ne leur permettent pas de jeter avec ostentation aux pauvres de riches aumônes, jamais un bureau de bienfaisance ne doit vainement en appeler à leur charité ; et leurs dons, pour n'être accordés qu'avec parcimonie, ne sont que plus assurés et plus constants.

Là aussi la population ouvrière, livrée à un travail pénible, s'en trouve grassement payée ; porteurs ou commissionnaires dans les halles, revendeurs sur les marchés, tant que la jeunesse et la santé sont leur partage, les professions qu'ils exercent leur fournissent les moyens de vivre dans l'abondance, et ils en profitent sans prévoyance de l'avenir. Aussi, lorsque l'âge ou quelque accident ont tari leurs ressources, ils retombent à la charge de la charité publique, d'autant plus malheureux que l'habitude de l'intempérance leur est seule restée de toutes celles qu'ils avaient dans des temps plus heureux, presque toujours écrasés encore par un loyer excessif pour leurs faibles moyens, placés comme ils le sont au centre de Paris ; et n'allez pas croire cependant qu'ils s'empressent de s'en éloigner pour aller ailleurs chercher une habitation moins chère ; cette population si mobile, qui déménage presque à chaque terme, tourbillonne sans cesse dans le même cercle, et pour un habitant du quartier des halles, aller s'établir dans un faubourg, c'est abandonner sa patrie.

Le Ve arrondissement est partagé en deux parties presque totalement séparées l'une de l'autre ; ce que nous venons de dire de la population riche ou pauvre du IVe arrondissement peut s'appliquer presque entièrement à l'une de ces deux portions de territoire formée des quartiers de Bonne-Nouvelle et Montorgueil, qui, touchant aussi aux grands marchés, renferment des élémens de même nature.

L'autre partie qui est traversée par deux diagonales tirées l'une de la porte Saint-Denis, l'autre de la porte du Temple à la barrière de la Chapelle, offre quelques habitans aisés ou riches dans les quartiers qui avoisinent les boulevarts ; au delà se trouvent, d'un côté, l'emplacement qu'occupait autrefois la foire Saint-Laurent, et plus haut des terrains vagues ; de l'autre, les abords presque déserts du canal Saint-Martin et de l'hôpital Saint-Louis, des rues fangeuses et soumises à toutes les émanations putrides ou infectes des clos d'écarrissage et de la voierie de Montfaucon, qui ne permettent d'y séjourner qu'aux malheureux qu'y attire le bon marché des loyers. Dans les parties intermédiaires de ces quartiers, on remarque un assez grand nombre de maisons garnies, qui reçoivent principalement des ouvriers en bâtiment et surtout des charpentiers ; ces hommes actifs et laborieux retournent chaque année dans leur pays avec les économies qu'ils ont faites à Paris sur le produit de leur salaire ; et il est rare qu'ils prennent le chemin du bureau de bienfaisance, si ce n'est lorsque atteints par la maladie, ils viennent, en sortant de l'hôpital, réclamer le secours de Montyon.

D'autres garnis renferment des habitans d'une nature bien différente, c'est une population de vauriens fainéans qui inondent chaque jour une partie de nos boulevarts, assiégeant la porte des tripots et des petits spectacles, vivant ordinairement de vols et de filouterie ; s'empressant, faute de mieux, d'aller chercher le fiacre dont vous pouvez avoir besoin, ou d'en ouvrir la portière ; spéculant sur la faiblesse ou l'inexpérience d'un commissaire de bienfaisance pour lui arracher une carte de pain ou une pièce d'argent ; gardant, enfin, toujours en réserve quelque dégoutante maladie pour obtenir l'entrée dans un hospice, et recevoir en sortant une parcelle des richesses que le généreux Montyon ne croyait pas avoir amassées, par tant d'économies et de privations, pour de semblables pauvres ; écume impure, presque toute étrangère, par sa naissance, à Paris qu'elle infecte, où elle pompe une partie des ressources destinées aux véritables malheureux, et dont il est inconcevable que les lois sur le vagabondage ne l'aient pas depuis longtemps purgé.

Le VIe arrondissement occupe dans Paris une position presque parallèle à celle du Ve ; comme lui, une portion de son territoire s'étend des boulevarts intérieurs aux murs d'enceinte ; elle est bornée à l'est et à l'ouest par la rue du faubourg du Temple et de Ménil-Montant. L'aspect général et la population de ces parties limitrophes des barrières du nord ont trop d'analogie avec ceux des quartiers voisins que nous venons de décrire, pour que nous nous y arrêtions de nouveau.

En deçà des boulevarts, cet arrondissement comprend une grande partie de la rue Saint-Martin, et s'étend de la rue Saint-Denis au quartier du Temple. Essentiellement industrieuse et commerçante, cette portion de Paris offre à son extrémité sud un grand nombre de maisons qui s'enrichissent laborieusement dans le commerce de la droguerie et de toutes les branches qui s'y rattachent. Plus au centre, la vente et la fabrication des objets d'horlogerie, de dorure, de bijouterie fausse et fine, de chapellerie, de cette foule de marchandises si variées, connues à l'étranger sous le nom d'articles de Paris, occupent un grand nombre de personnes. Mais autour de ces industriels aisés, dont les mœurs et les habitudes modestes n'ont rien que d'estimable, se groupe la population ouvrière qu'ils emploient ; population dont l'étude n'offre rien que d'affligeant au moraliste et au philanthrope. En effet, jetés comme apprentis, dès leur première enfance, au milieu d'ouvriers plus âgés qui se font un barbare plaisir d'aigrir leur caractère et de corrompre leurs mœurs, ces hommes prennent dès lors un esprit d'audace et de dépravation qu'ils ne peuvent plus perdre. Adroits, intelligens, exerçant pour la plupart des métiers lucratifs, en temps de postérité trois ou quatre jours leur suffisent pour gagner de quoi en passer plusieurs autres dans la débauche et l'oisiveté, et alors, quelque besoin qu'on ait de leurs bras, il est impossible d'en obtenir aucun travail. Ils habitent d'ailleurs presque tous des rues étroites, humides et obscures ; et si à cette circonstance on ajoute un travail généralement peu favorable au développement des forces corporelles, exercé qu'il est dans des ateliers généralement peu aérés, où ils sont exposés à des émanations souvent fort délétères, on concevra que la constitution physique ne soit pas moins affaiblie chez eux que les sentiments religieux et moraux, et qu'atteints par des infirmités ou une décrépitude précoce, beaucoup tombent enfin dans une profonde misère. Aussi est-il peu de bureaux de bienfaisance plus chargés de pauvres que celui du VIe arrondissement.

Le VIIe arrondissement, nous l'avons déjà dit, est tout entier renfermé dans l'intérieur de Paris, et ne touche pas à son enceinte. Comme le VIe, il possède de riches négocians dans les environs des rues de la Verrerie et Saint-Merry ; une population ouvrière pauvre, dépravée, cacochyme, dans ces rues si horriblement humides et obscures, qui communiquent de la rue Saint-Martin aux rues Beaubourg et Saint-Avoge. Un peu plus loin, vers l'est, entre la rue du Temple et le boulevart, il partage avec le VIIIe arrondissement le quartier du Marais, dont les belles rues sont encore bordées de ces antiques, mais splendides demeures qui furent autrefois le séjour de la mode et de la brillante société de Paris ; abandonnées par elles, leurs hôtes sont actuellement d'anciens négocians retirés des affaires, quelques familles appartenant à la magistrature ou au barreau, chez lesquelles des mœurs graves et vertueuses, l'aisance que donne la fortune administrée avec une sage économie, font trouver facilement aux administrateurs des bureaux de bienfaisance des auxiliaires éclairés et des secours abondans. Aussi cette partie de Paris est-elle placée comme une heureuse exception au milieu d'autres quartiers qui, sous le rapport qui nous occupe, sont infiniment moins bien partagés.

Nous venons de dire ce qu'était la partie du VIII* arrondissement qui, placée en deça du boulevart, comprend les environs de la rue Saint-Louis et de la place Royale ; au nord et à l'est, il est formé tout entier par ce quartier bien connu sous le nom de faubourg Saint-Antoine. Là, comme chacun le sait, s'agite et travaille une immense population ouvrière, dont les mœurs, les défauts et la misère se rapprochent trop de ce que nous avons déjà trouvé au centre de Paris, pour que nous nous y arrêtions encore. Ici seulement, dispersés sur un immense territoire, ils trouvent des logemens et moins chers et plus sains ; cette double circonstance doit influer sur leur position d'une manière heureuse. Cependant le nombre fort petit d'habitans riches que ce quartier renferme, relativement à celui des pauvres, rend fort difficile d'obtenir des secours suffisans par les ressources de la localité même, et cet arrondissement est regardé à juste titre comme un des plus pauvres de Paris.

Le IX\ :superscript:`e` arrondissement comprend l'île Saint-Louis tout entière, une partie de la Cité, et les quartiers renfermés entre la rivière et la rue Saint-Antoine, d'une part, la place de l'Hôtel-de-Ville et les fossés de la Bastille de l'autre. La première des îles que nous venons de citer offre une population aisée, dont les élémens se rapprochent beaucoup de ceux qui forment les quartiers du Marais, dont elle est presque une dépendance. Mais les parties basses de la Cité sont encore bien insalubres, bien misérables. La rue de la

Mortellerie et les ruelles environnantes sont habitées presque entièrement par des manouvriers étrangers à Paris,
entassés dans des logements garnis, reserrés et malsains,
ne prenant qu'une nourriture grossière et insuffisante, ces
malheureux ont acquis dernièrement une triste célébrité
par la manière horrible dont le choléra les a décimés, et
les excès auxquels les ont poussés alors leur ignorance et
leur misère.

Nous avons parcouru entièrement les diverses parties de
la rive droite de la Seine ; il ne nous reste plus qu'à parler
des trois arrondissements placés sur la rive gauche, et l'ordre que nous avons suivi jusqu'ici nous ramène de ce côté à
l'extrémité occidentale de Paris, formée par le Xe arrondissement. Ce magnifique quartier, qui comprend le faubourg
Saint-Germain tout entier, ne le cède guère pour sa beauté
et la richesse de ses habitans au Ier arrondissement, qui lui
est opposé sur l'autre rive de la Seine. Comme pour ce dernier, en considérant le nombre de sommités sociales que le
Xe arrondissement renferme, les dispositions de générosité
et de bienfaisance d'un grand nombre de ses habitans, il
semblerait que la misère dût en être entièrement bannie, et
cependant les tableaux statistiques démontrent que, relativement à l'administration des secours à domicile, il n'a pu
être classé nulle part en première ligne parmi les arrondissemens riches. Cela tient à diverses causes qu'il n'entre pas
dans notre sujet de rechercher; mais il en existe une fort
évidente : c'est l'extrême misère qui règne exceptionnelle-
ment dans quelques-unes des localités qu'il renferme. Nous
citerons pour exemple le Gros-Caillou, quartier placé entre
le Champ-de-Mars et l'Esplanade des Invalides : il est habité
par les ouvriers des ports, ceux de la manufacture Royale

de Tabac, qui y est située, et un grand nombre de blanchisseurs et blanchisseuses. Cette population peu aisée, entou-
rée de toutes parts de vastes établissemens militaires, se
ressent de l'immoralité que sème toujours autour d'elles ces
grandes réunions d'hommes privés de tous liens, de toutes
habitudes de famille, auxquels la sévérité de la discipline ne
demande que la subordination du moment aux ordres des
chefs, et ne tient nul compte des faits répréhensibles de la
vie privée qui ne se traduisent point en désordres dans la
caserne. Aussi ne faut-il pas s'étonner si de tels quartiers
offrent un grand nombre de femmes abandonnées, de naissances illégitimes, si le principal commerce aux environs et
à l'extérieur est celui des cabarets et des guinguettes, et si,
par suite, le bureau de bienfaisance est obligé de pourvoir
aux besoins d'une foule de malheureux.

Le XIe arrondissement occupe un terrain irrégulièrement
allongé dans la partie moyenne et méridionale de Paris,
depuis le Palais de Justice, qui est compris dans ses limites,
jusqu'à la barrière d'Enfer, qui en forme l'extrémité oppo-
sée.

Ces quartiers sont pour ainsi dire tous scientifiques ou
littéraires ; le professorat et le bureau semblent y avoir élu
domicile, et si quelques branches de commerce y sont floris-
santes, ce sont celles qui se rattachent à l'imprimerie et à
la librairie. Cet arrondissement ne renferme pas autant de
grandes fortunes que le Xe ; mais les personnes aisées y
sont bien plus nombreuses, ainsi qu'on peut le voir par la
place qu'il occupe dans la série des arrondissements classés
d'après le nombre relatif d'électeurs ou de jurés qu'ils renferment ; il y est classé au troisième rang.

La population pauvre inscrite sur les contrôles du bureau

de bienfaisance y est aussi assez considérable, mais elle est dispersée sur tous les points du territoire, et si la misère y est fréquente, elle n'y paraît pas bien profonde.

Il n'en est pas ainsi dans le dernier arrondissement dont nous avons à parler, le XIIe; ce vaste quartier comprend toutes les localités situées entre les rues Saint-Jacques, la Seine et les boulevards extérieurs. Quelques beaux établissemens publics y ont été récemment créés ou singulièrement agrandis; mais les rues et les habitations particulières semblent être restées tout à fait en dehors du mouvement de progression qui se fait sentir dans toutes les autres parties de la capitale, dont il est séparé par la Seine d'un côté et la montagne Sainte-Geneviève de l'autre, ce qui en rend les abords difficiles. Si on joint à cette circonstance la présence d'une foule d'usines plus ou moins incommodes par les odeurs désagréables qu'elles répandent autour d'elles, telles que les amidonneries, tanneries, mégisseries, brosseries, etc., on concevra que tous les citoyens aisés aient déserté ces quartiers lorsque leurs fonctions ou leurs affaires ne les obligeaient pas impérieusement à y résider. En effet. hormis quelques professeurs attachés au muséum d'Histoire naturelle, et aux facultés ou établissemens d'instruction, que l'on remarque en quelques endroits, et les propriétaires des diverses fabriques dont nous parlions tout à l'heure, les restes de la population se forme en général des ouvriers que ces fabriques employent ; et comme le travail qui leur est offert n'exige pas un bien haut degré d'intelligence ou d'adresse, ces ouvriers sont en général fort peu payés, et par conséquent fort pauvres. D'ailleurs le bon marché des loyers attire de ce côté tout ce que Paris renferme de plus misérables professions. Ainsi, les chiffonniers, par exemple, s'y trouvent en très grand nombre ; ils y forment la dix-huitième partie des ménages inscrits aux contrôles du bureau, ce qui est une proportion près de six fois plus forte que pour l'ensemble des ménages pauvres de Paris, dans lesquels on n'en trouve que un quatre-vingt-quinzième.

Nous avons vu dans d'autres faubourgs éloignés un peuple fort malheureux, mais dans les habitations duquel l'air circulait au moins librement, où nul obstacle n'empêche les rayons du soleil de pénétrer ; ici on ne jouit même pas de cet avantage. Si on veut se faire une idée de ce que sont ces quartiers, il faut quitter les voies ordinaires suivies, et pénétrer dans les rues étroites et obscures qui serpentent sur le flanc de la montagne Sainte-Geneviève, aux environs de la place Maubert, telles que les rues d'Arras, de Versailles, du Paon, etc. ; on respire en y entrant un air épais et misérable, qui affecte péniblement l'odorat, qui méphitise et qui resserre le cœur ; partout aux croisées, des haillons ou des débris de meubles annonçant le dénuement intérieur ; une population faible et languissante y végète péniblement ; l'enfant même y a perdu sa fraîcheur et son charme, et ses joues pâles, ses yeux roūges qu'entourent toujours quelques larmes desséchées sur la crasse de la misère, attestent encore par une expression d'effronterie mêlée d'une craintive défiance, de quelles souffrances physiques et morales il a déjà été assailli à son entrée dans la vie. Aussi c'était dans un tel quartier qu'un généreux philanthrope (M. Cochin) devait placer la première salle d'asyle modèle pour l'enfance, fondée à Paris. Cet utile établissement, et les vastes écoles gratuites qui l'avoisinent, dont l'existence et la prospérité sont dues au même patronage forment une heureuse compensation et le meilleur remède qu'il fût possible d'apporter aux souffrances dont nous venons de tracer un tableau imparfait.

Nous avons dû, en effet, passer rapidement dans un simple rapport, sur la position et les habitudes des peuples divers dont la réunion forme l'immense peuple de Paris ; cette population n'a pas encore trouvé d'historien qui en ait analysé les élémens, et cependant si on voulait l'étudier avec soin il serait facile d'écrire un volume où l'on trouverait des notions aussi utiles à la politique de l'Etat, sur le sort duquel elle a influé tant de fois, qu'à la charité qui s'occupe de la soulager dans sa misère.

Sages Femmes Agréées

Rapport sur le Traitement des Malades
à domicile, 1875 p. 14

(DE NERVAUX, directeur.)

Depuis longtemps, l'Administration frappée des nombreux cas d'affections puerpérales qui sévissaient sous forme d'épidémie dans les services d'accouchements de ses établissements, se préoccupait de trouver les moyens de conjurer le mal par l'essai d'un système nouveau.

En 1867, M. Husson, alors Directeur de l'Administration, après avoir sérieusement étudié la question et pris l'avis de plusieurs médecins des hôpitaux, décida que dans le cas de maladie les admissions seraient suspendues dans les salles d'accouchement, et que les femmes enceintes qui se présenteraient pour être délivrées, seraient envoyées chez un certain nombre de sages-femmes de la ville.

Plus tard, en 1869, cet essai ayant donné d'excellents résultats, l'Administration le généralisa.

Il fut convenu que les sages-femmes désignées, pour soigner des pensionnaires envoyées par des hôpitaux, recevraient une indemnité de 50 francs par accouchée, pour une durée de traitement n'excédant pas neuf jours. Si l'état des accouchées nécessitait une prolongation de séjour ou quelque opération spéciale, cette allocation pouvait être augmentée dans des proportions déterminées, et l'ensemble des frais était acquitté par les économes des établissements d'où venaient ces pensionnaires.

Au mois d'avril 1873, alors qu'il fut acquis par une expérience de plusieurs années, que ce mode de traitement réussissait pleinement, l'Administration décida que ce nouveau service, confié dès l'origine à la Direction des Hôpitaux et Hospices, serait rattaché à celle des Secours, à cause de son caractère particulier d'assistance à domicile. Dès lors les Secrétaires-Trésoriers des Bureaux de Bienfaisance furent substitués aux économes pour l'acquittement, dans l'étendue de leur arrondissement, des dépenses résultant de cette branche du service, et ils durent en outre exercer une surveillance constante sur les malades reçues par les sages-femmes désignées.

Rapport sur le Traitement des Malades
à domicile, 1882, p. 23
(QUENTIN, directeur.)

Depuis le 1er janvier 1878, les opérations relatives au traitement des femmes en couches placées chez les sages-femmes de la Ville ont été classées dans les comptes extra-budgétaires, c'est-à-dire que les Secrétaires-Trésoriers des Bureaux

de Bienfaisance ont été chargés d'acquitter les frais de séjour
de ces accouchements, mais pour le compte de l'Administration. Il en résulte qu'ils figureront dans les comptes moraux
et financiers que l'Administration Publique publie chaque
année, où il sera possible de trouver des développements à
ce sujet.

D'un autre côté, vous n'avez sans doute pas perdu de vue
que, dans le courant de cette année, nous avons étudié
ensemble la réorganisation des services d'accouchements
dans les hôpitaux, à domicile et chez les sages-femmes de
la Ville.

D'après la décision qui a été adoptée, ce dernier service
sera, à partir du 1er janvier 1882, placé sous la direction
immédiate et exclusive des Etablissements hospitaliers.

L'Administration n'aura donc plus, à l'avenir, à faire
figurer dans ses Comptes rendus sur le traitement à domicile les opérations relatives à ce service.

*Extrait du Registre des délibérations du Bureau de
bienfaisance de l'ancien XIe arrondissement*

Séance du 30 novembre 1849

Le Bureau, Vu la lettre de M. le directeur de l'administration générale de l'Assistance publique, par laquelle il
invite M. le maire-président à lui transmettre avant le
5 décembre prochain, les observations que le bureau pourrait avoir à présenter sur les propositions faites par la Commission de surveillance sur l'emploi à donner à l'économie
résultant de la diminution des lits dans les deux hospices de
la vieillesse ;

Vu le rapport de la commission de surveillance et le projet de règlement qu'elle propose ;

Considérant que les membres du Bureau de bienfaisance
chaque jour en contact avec les indigents, chaque jour écou-
tant les récits de leurs misères dans leurs réceptions ou dans
les visites à domicile sont, de tous les hommes appelés à
concourir à l'administration de l'Assistance publique, les
mieux placés pour juger de leur besoin et du degré de leur
détresse ;

Que M. le directeur de l'Assistance publique, ni MM. les
membres du Conseil de surveillance ne peuvent apprécier
les besoins ni la misère des indigents proposés pour occuper
les lits vacants dans les hospices que sur des rapports et par
les yeux d'employés subalternes qu'on ne saurait, sans injustice, mettre sur la même ligne que les administrateurs des
bureaux de bienfaisance pour l'appréciation dont il s'agit
et dont le contrôle ne saurait porter que sur des vices de
forme, ou l'inexécution des règlements ;

Considérant que la loi du 10 janvier 1849 n'a point pro-
noncé sur le mode de répartition ni d'application des secours
à domicile et qu'elle a laissé ces objets à édifier par un règlement d'administration publique qui ne doit être rédigé qu'a-
près que la loi générale de l'Assistance publique pour tous
les départements sera rendue ; que dès lors on ne voit pas
qu'il soit nécessaire, à propos de secours d'hospices, de
trancher, dès à présent, une si grave question comme l'a fait
la Commission dans son rapport (V. p. 8, 4e alinéa, page 9 ;
2e alinéa et art. 12 de son projet de règlement) ;

Considérant que retirer des attributions des bureaux de
bienfaisance le droit de désigner les indigents qui doivent
occuper les lits vacants aux hospices, c'est porter dans l'âme

des administrateurs un profond découragement ; c'est méconnaître leur dévouement, leurs lumières ; enfin, c'est leur enlever la reconnaissance et les bénédictions des vieillards achetées souvent par de larges sacrifices, la plus douce récompense qu'ils puissent recueillir de leurs fonctions, devenues si pénibles et dont l'importance paraîtrait ne pas être suffisamment appréciée ;

Considérant que l'arrêté du Conseil général des hospices du 16 mars 1836, réglant le mode d'admission aux lits vacants dans les hospices est l'acte le plus sage et le plus équitable que l'administration ait jamais fait ;

Est d'avis qu'il y a lieu d'étendre le droit de nomination par les bureaux de bienfaisance à tous les lits vacants dans les hospices et à la désignation des indigents pour le secours représentatif.

Fonctions, Cautionnement et Remplacement des Agents Comptables.

(Recueil de 1829, p. 22.)

« Le Secrétaire-Trésorier attaché à chaque Bureau rece-
« vra des appointements.

« Il sera nommé par le Bureau ; sa nomination sera sou-
« mise par le Président du Bureau à l'approbation du Con-
« seil général et à la confirmation du Préfet. »

L'Agent-Comptable est chargé de tout le matériel en deniers et de nature, et c'est sur lui que pèse la responsabilité. C'est pour cela qu'on exige un cautionnement.

Cette garantie ne dispense pas les Bureaux de mettre un grand soin dans le choix qu'il doivent faire, et d'y rechercher non seulement l'intelligence, l'activité et les connaissances nécessaires pour bien remplir la place, mais encore la probité, le désintéressement et le zèle. Avec ces conditions et une surveillance suivie de la part du Trésorier honoraire, on n'aura point à craindre le désordre et on pourra obtenir une comptabilité exacte et régulière. Cette surveillance est l'objet spécial des attributions du Trésorier honoraire.

Il sera nécessaire d'assigner promptement au Secrétaire-Trésorier un local ou il puisse établir son bureau au centre de tout le mouvement de l'Administration, et comme cet arrêté porte que l'Agent-Comptable n'y sera pas logé, on doit exiger qu'il demeure à proximité, au moins dans l'arrondissement. Il avait été d'abord décidé que les Secrétaires-Trésoriers ne seraient pas logés : l'expérience a démontré depuis qu'il était utile, lorsque les localités le permettaient, de loger l'Agent-Comptable auprès de sa caisse. En revenant sur cette disposition, on s'est conformé au vœu d'un arrêté du Gouvernement, du 8 floréal an X, portant :

« Tout Receveur, Caissier, Dépositaire, Percepteur ou Pré-
« posé quelconque, chargé de deniers publics, ne pourra
« obtenir la décharge d'aucun vol, s'il n'est justifié qu'il est
« l'effet d'une force majeure, et que le dépositaire, outre les
« précautions ordinaires, avait eu celle de coucher ou de
« faire coucher un homme sûr dans les lieux où il tenait ses
« fonds, et en outre, si c'était au rez-de-chaussée, de le tenir
« solidement grillé. »

Un arrêt du Conseil général du 11 février 1829 porte :

Les Agents-Comptables des Bureaux de charité sont divisés pour les traitements en trois classes : 1re classe, 2.600 francs ; 2e classe, 2.400 francs ; 3e classe 2.200 francs.

Lorsqu'il y aura des vacances dans la 1re ou la 2e classe, les Agents de la 2e ou de la 3e pourront passer dans la 1re ou la 2e classe, sans être obligés à changer d'arrondissement.

L'Agent nouvellement élu prendra toujours rang dans la
3ᵉ classe ; il devra fournir le cautionnement fixé par l'arrondissement dans lequel il aura été appelé. (Pour ne laisser
aucun doute sur le sens de ces dispositions, le Membre de
la Commission administrative chargé de la 4ᵉ division en
adressant l'arrêté aux divers Bureaux de charité, ajouta :

« Il est bien entendu qu'à mesure que des vacances auront
« lieu, les traitements les plus élevés appartiendront toujours
« aux Agents les plus anciens dans l'ordre des nomina-
« tions. »)

Le cautionnement à fournir par chaque Secrétaire-Trésorier des Bureaux est fixé à 3.000 francs, qui seront versés
dans la Caisse du Mont-de-Piété pour y produire intérêts au
profit du Consignataire.

Ce cautionnement a été augmenté depuis, et fixé ainsi
qu'il suit, par divers arrêtés du Conseil général, avec l'approbation de son Excellence le ministre de l'Intérieur :

1ʳᵉ	8.000 fr.	7ᵉ	10.000
2ᵉ	8.000	8ᵉ	12.000
3ᵉ	8.000	9ᵉ	10.000
4ᵉ	8.000	10ᵉ	12.000
5ᵉ	10.000	11ᵉ	10.000
6ᵉ	12.000	12ᵉ	12.000

Le Secrétaire-Trésorier assistera aux séances ; il sera
chargé de la rédaction des décisions, de la correspondance
et de la tenue des registres. (Sous la direction et la surveillance de M. le Maire et du Secrétaire honoraire.)

Les Receveurs des Etablissements de charité sont soumis aux dispositions des lois relatives aux Comptables des
deniers publics et à leur responsabilité.

Les révocations (des Comptables) sont prononcées par

notre Ministre Secrétaire d'Etat au département de l'Intérieur, d'après l'avis des Préfets, lesquels ne peuvent le donner qu'après avoir entendu la Commission administrative ou les Bureaux de Bienfaisance.

(Arrêté du Gouvernement du 19 vendémiaire an XII, (12 octobre 1803).

Ces Comptables ont seuls qualité pour recevoir et pour payer. A l'avenir, les recettes et les paiements effectués sans leur intervention, ou faits de toute autre manière en contravention au présent Règlement, donneront lieu à toutes répétitions et poursuites de droit.

On ne saurait trop appeler l'attention des Receveurs et des Administrateurs de charité sur l'importance de cette disposition, dont la stricte exécution peut seule rétablir ou maintenir l'ordre dans la comptabilité.

(Extrait de l'Instruction de 1816

Application de l'Ordonnance royale du 2 juillet 1816. Recueil de 1829, p. 8.)

Dans une Administration charitable et gratuite, on ne peut exiger des personnes qui veulent bien s'y consacrer ni travail obligé, ni responsabilité pécuniaire. Il faut cependant tenir des registres, une correspondance et une comptabilité en deniers et en nature.

On a donc jugé nécessaire d'attacher à chaque Bureau un Agent-Comptable avec des appointements, afin d'avoir le droit d'exiger de lui tous les travaux et toutes les écritures que demande la régularité de l'administration, dont tout le matériel sera à sa charge, sous la surveillance et la direction du Bureau de charité, et avec responsabilité de sa part vis-à-vis du Conseil général d'Administration des Hospices et Secours publics de la Ville de Paris. L'expérience a fait juger que cette dépense était indispensable, et elle n'est pas une charge nouvelle pour le fonds destiné aux secours à domicile.

Il était alloué à chacun des 48 Bureaux de Bienfaisance une somme de 1.200 francs pour des frais de bureau, ce qui faisait un total de 57.600 francs. Il est vrai que plusieurs leur donnaient une autre destination. Il faut le dire à leur honneur : avares, pour tout autre emploi que pour l'assistance des pauvres, des fonds qu'ils recevaient, ils y consacraient même ceux qui étaient destinés aux frais du bureau, se chargeant eux-mêmes de tout le travail ; mais il en restait une surcharge pénible pour celui à qui son zèle faisait prendre ce fardeau, ce que l'on veut éviter ; ou ses occupations ne lui permettant pas de donner à ce travail tout le temps nécessaire, il n'était pas fait avec le soin, le détail et la régularité convenables : ce que l'on désire obtenir.

Arrêté du Conseil Général des Hospices du 4 août 1819

Aucune gratification ne pourra désormais être directement donnée par les Bureaux de Charité aux Agents-Comptables et aux Employés supplémentaires, sauf dans des cas extraordinaires, dont il sera référé au Conseil général, qui en délibérera. Cette disposition s'applique également aux garçons de bureaux, concierges et gens de service des Maisons de Secours.

*Opérations en recettes et dépenses d'un secrétaire-trésorier
en 1829*

(Extrait du Recueil de règlemens et instructions
pour l'administration des secours à domicile de Paris.
Mme Huzard. Paris, 1829.)

N^{os} D'ORDRE	DATES	NATURE DES RECETTES	DÉTAILS SUR LES RECETTES		SOMMES
7	1829 Mars 2	Versemens de l'Administration.	Reçu de l'Administration des Hospices la somme de six mille trois cent vingt-sept francs trente centimes, montant du mandat du mois de février, savoir :		
			VERSEMENS ORDINAIRES.		
			Fonds généraux		
			Distribution ordinaire en argent.	2.050.00	
			Frais de fabrication de pain.........	130,00	
			Farine pour les nourrices	145,50	
			Encouragement aux écoles de Charité........	209,10	2.713,20
			Frais de bureau..	108,60	
			Intérêts de legs sans destination spéciale........	70,00	
				2.713,20	
			Fonds spéciaux		
			Vieillards et aveugles	605,00	
			A reporter ...	605,00	2.713,20

Nᵒˢ D'ORDRE	DATES	NATURE DES RECETTES	DÉTAILS SUR LES RECETTES		SOMMES
7	1829 Mars 2	Versemens de l'Administration.	Report....	605.00	2.713,20
			Infirmes	69,00	
			Boni sur le fonds des vieillards et aveugles	106,25	
			Vaccinations	40,00	
			Mères nourrices malades........	35,40	
			Secours individuels accordés par le Conseil Général	66,00	3.760,25
			Intérêts de legs avec destination spéciale........	125,40	
				1.047,05	
			Versemens extraordinaires		
			Legs une fois payés	300,00	
			Secours du Conseil Général pour frais de 1ᵉʳ établissement	250,00	
			Indemnité de mobilier...........	200,00	
			Indemnité de trousseau...........	240,28	
			Don du Conseil municipal......	300,00	2.567,05
			Don du Conseil général des Hospices pour achat de combustibles.	456,37	
			Don de la Compagnie d'assurances........	820,40	
				2.567,05	6.327,20

N^{os} D'ORDRE	DATES	NATURE DES RECETTES	DÉTAILS SUR LES RECETTES	SOMMES
	1829			
1	Janv. 4	Dons volontaires.	Reçu de M... la somme de vingt-cinq francs, versée au profit des pauvres de l'arrondissement............	25,00
2	» 7	Idem.	— de M..., Proviseur du Collège..., la somme de douze cent vingt-six francs, versée au nom des professeurs et élèves dudit établissement.	1.226,00
3	» 15	Collectes.	— de M..., Administrateur, la somme de huit cents francs, montant de la collecte faite par lui en faveur des pauvres de l'arrondissement...	800,00
4	» 19	Troncs.	— de M..., Administrateur, la somme de trois cent quinze francs vingt-cinq centimes, trouvée dans le tronc placé... suivant procès-verbal dudit jour.....	315,25
5	» 25	Quêtes.	— de M...,la somme de neuf cent quarante-sept francs dix-sept centimes, produit de la quête faite par N..., dans l'église de..., le... 182.................	947,17
6	» 30	Souscriptions.	— de M... la somme de vingt francs pour le... de son abonnement, en faveur des pauvres..................	20,00
7	Févr. 2	Représentations théâtrales.	— de M..., la somme de quatre mille deux cent vingt-sept francs dix centimes, produit de la représentation donnée le 28 janvier dernier,	

N^{os} D'ORDRE	DATES	NATURE DES RECETTES	DÉTAILS SUR LES RECETTES	SOMMES
8	Févr. 4	Sommes non employées sur les états de Secours spéciaux .	au bénéfice des pauvres sur le théâtre de............. — de M..., Administrateur, la somme de seize francs, restée sans emploi sur les états d'octogénaires, septuagénaires et infirmes du mois de..., par suite du décès des nommés : N..., octogénaire... 8 N..., septuagénaire. 5 N..., infirme....... 3	4.227,10 16,00

N^{os} D'ORDRE	DATES	NATURE DES DÉPENSES	DÉTAILS SUR LES DÉPENSES	SOMMES
61	1829 Avril 15	Comestibles. Fourniture de farine.	Payé à M..., marchand de farines, la somme de trois cent cinquante-cinq francs, pour fourniture de cinq sacs de farine à divers prix, pour le service des indigens, pendant le... de la présente année.............. ci.	355,00
62	»	Cuisson de pain.	— à M..., boulanger, la somme de cinquante francs pour cuisson de mille pains, à raison de 05 centimes par pain, pendant le mois de .... ci.	50,00
			A reporter........	405,00

N^{os} D'ORDRE	DATES	NATURE DES DÉPENSES	DÉTAILS SUR LES DÉPENSES	SOMMES
	1829		Report........	405,00
63	Avril 15	Fourniture de pain.	— au même, la somme de trente-trois francs quinze centimes pour fourniture de quarante pains à divers prix, pour le service des apprentis, pendant le trimestre de... de la présente année............... ci.	33,15
64	»	Viande.	— au sieur..., marchand boucher, la somme de cent cinquante francs pour la fourniture de... kilog. de viande à... pour la marmite de la Maison de Secours du quartier de... pendant le......	150,00
65	»	Idem.	— au même la somme de cent francs pour fourniture de... kilog. de viande distribués aux indigens des... divisions, pendant le..... ci.	100,00
66	Mai 15	Farine pour les nourrices.	— à M..., marchand de farines, la somme de deux cent cinquante francs pour fourniture de trois sacs de farine à divers prix, pour le service des mères nourrices, pendant le.............. ci.	250,00
67	»	Sel.	— à M..., la somme de trente francs pour fourniture de... kilog. de sel pour la marmite de la Maison de Secours du quartier de...............	30,00
68	»	Eau et légumes.	— à Madame la Supérieure de la Maison de Secours du quartier..., la somme de	
			A reporter........	968,15

N°ˢ D'ORDRE	DATES	NATURE DES DÉPENSES	DÉTAILS SUR LES DÉPENSES	SOMMES
			Report.........	968,15
			quinze francs dix centimes pour remboursement de pareille somme par elle avancée pour achat d'eau et légumes pour la marmite des pauvres pendant le... ci.	15,10
69	Mai 15	Combustibles. Bois de corde.	Payé au sieur..., marchand de bois, la somme de quatre cents francs pour fourniture de... voies de bois par lui livrées à la Maison de Secours du quartier de... pour le service de la marmite pendant le....... ci.	400,00
70	»	Idem.	— à Madame la Supérieure de ladite Maison de Secours la somme de trente francs pour remboursement de pareille somme par elle avancée pour le sciage de ces... voies de bois........ ci.	30,00
71	»	Foulardes, fagots, cotrets, etc.	— à M.., marchand de bois, la somme de cent vingt francs pour fourniture de... à... le cent pour les indigens du quartier..... ci.	120,00
72	»	Habillement. Chemises.	— à M..., marchand d'étoffes, la somme de huit cents francs, pour fourniture de... aunes de toile à chemises, l'aune, pour les indigens du quartier............ ci.	800,00
73	»	Chemises.	— à M..., Supérieure de la Maison de Secours du quartier..., la somme de deux	
			A reporter.........	2.333,25

Nos d'ordre	DATES		NATURE DES DÉPENSES	DÉTAILS SUR LES DÉPENSES	SOMMES
				Report.........	2.333,25
				cents francs pour remboursement de pareille somme par elle avancée pour le prix de la confection de... chemises, à raison de... chaque............ ci.	200,00
74	Mai	15	Habillement de première communion.	— à M..., marchand de nouveautés, la somme de trois cent soixante francs pour fourniture de... aunes de draps, à... pour l'habillement des enfans admis à faire leur première communion............... ci.	360,00
75	»		Coucher. Paille.	Payé à M..., grênetier, la somme de quatre-vingts francs pour fourniture de... bottes de paille à...et de... boisseaux de paille d'avoine à... distribués aux indigens du quartier de..., pendant le.......... ci.	80,00
76	Juin	25	Blanchissage du linge des pauvres.	— à Madame la Supérieure de la Maison de Secours du quartier de..., la somme de vingt francs vingt centimes pour blanchissage du linge des pauvres de ce quartier pendant le.... ci.	20,20
77	Juill.	25	Secours en argent Vieillards et aveugles.	— à divers indigens admis aux secours de septuagénaires, octogénaires, aveugles et infirmes, la somme de quinze cents francs pour	
				A reporter.........	2.993,45

N^{os} D'ORDRE	DATES	NATURE DES DÉPENSES	DÉTAIL SUR LES DÉPENSES	SOMMES
			Report.........	2.993,45
			secours spécial du mois de..., savoir :	
			80 octogénaires.. 640	
			120 septuagénaires 600	1.500,00
			40 aveugles..... 200	
			20 infirmes...... 60	
78	Août 25	Secours par le Bureau. Habillement de première communion.	— à M. le Curé de la paroisse de... la somme de trois cent vingt francs pour contribuer à l'habillement de..., enfants indigens admis à faire leur première communion.. .... ci.	320,00
79	»	Maisons de secours. Appointements.	— à Madame la Supérieure de la Maison de Secours du quartier de... la somme de quatre cents francs pour ses appointements et ceux de... sœurs attachées au service de la Maison, pendant le mois de. .... ci.	400,00
80	»	Comestibles. Pain.	Payé à M..., boulanger, la somme de quarante francs pour fourniture de... pains à divers prix, pendant le... pour la nourriture des sœurs attachées à la Maison de Secours du quartier de... .... ci.	40,00
81	»	Menues dépenses.	— à Madame la Supérieure de la maison de Secours du quartier de... la somme de douze francs pour menues dépenses par elle payées	
			A reporter.........	5.253,45

Nᵒˢ D'ORDRE	DATES	NATURE DES DÉPENSES	DÉTAILS SUR LES DÉPENSES	SOMMES
			Report.........	5.253,45
			pour le service de sa Maison pendant le cours du... ci.	12,00
				5.265,45
		Rectification.	— Déduction de dix francs pour erreur de pareille somme, commise au nº 14 du présent journal, dans l'enregistrement du mandat pour dépense d'habillement de première communion, qui n'est que de 296 francs. .... ci.	10,00
				5.255,45

Arrêtés Préfectoraux fixant les Traitements des Secrétaires Trésoriers des Bureaux de Bienfaisance

31 mai 1832

Vu le règlement ministériel du 26 septembre 1821, pour le service des secours à domicile dans la Ville de Paris, portant :

« Art. 15. — Que les traitements et les cautionnements « des Secrétaires-Trésoriers des Bureaux de Bienfaisance « sont fixés par le Préfet de la Seine sur l'avis du Conseil « général des Hospices » ;

Vu l'état desdits traitements et cautionnements tels qu'ils ont été réglés par différentes décisions antérieures à la réorganisation des bureaux de bienfaisance :

Vu l'avis du Conseil général des Hospices du 25 janvier dernier, par lequel il conclut au maintien des fixations actuellement suivies ;

Considérant que les traitements sont actuellement divisés en trois classes auxquelles les Comptables parviennent successivement par ancienneté ;

Considérant qu'on ne saurait, en effet, adopter pour base absolue de ces traitements, ni la population pauvre de chaque arrondissement, ni l'importance de la recette, attendu que ni l'une ni l'autre ne peut donner une idée exacte des travaux de chacun des Trésoriers, et que, d'un autre côté, il y a quelque avantage à laisser aux Comptables la possibilité de voir leur position s'améliorer en raison de la durée de leurs services ;

Considérant que, sous ce rapport, il nous semble convenable de maintenir la division de ces Comptables en trois classes distinctes en ce qui concerne le quantum du traitement, et de consacrer de nouveau ce principe : qu'on ne pourra parvenir à chacune d'elles successivement que par droit d'ancienneté ;

Considérant, en ce qui touche la fixation même du chiffre, qu'il nous semble à propos, en raison de la nouvelle importance qu'ont acquise les fonctions des Secrétaires-Trésoriers, de mettre la quotité de leur traitement plus en harmonie avec ceux des fonctionnaires placés dans une position semblable :

Considérant, d'autre part, que ces comptables se trouvant sous la dépendance directe de la Cour des Comptes, il n'y a plus lieu à réserver, ainsi que cela se faisait chaque année, une somme de 3.000 francs pour être distribuée en gratifications à ceux d'entre eux qui apporteraient le plus de zèle à la reddition de leurs comptes :

Considérant qu'il est possible, à l'aide de cette somme qui devient disponible, d'augmenter les appointements des Secrétaires-Trésoriers, sans ajouter à la dépense du personnel, telle qu'elle est actuellement fixée ;

Considérant à l'égard des cautionnements qu'ils ont été fixés, conformément aux instructions, d'après les recettes habituelles de chaque Bureau, et qu'il y a lieu de les maintenir au même taux ;

ARRÊTE :

ARTICLE PREMIER. — Les traitements des Secrétaires-Trésoriers des Bureaux de Bienfaisance sont ainsi fixés :

Quatre de 1ʳᵉ classe   à . . . . . 2.800 francs
Quatre de 2ᵉ   —   à . . -. . 2.600 francs
Quatre de 3ᵉ   —   à . . . . 2.400 francs

ART. 3. — Ils passeront successivement et au fur et à mesure des vacances, d'une classe dans une classe supérieure sans qu'il soit rien changé, du reste à leur position.

ART. 4. — Les cautionnements qu'ils auront à fournir comme comptables. demeurent fixés ainsi qu'il suit pour chacun des douze Bureaux :

1ʳᵉ . . . 8.000	5 . . . 10.000	9ᵉ . . . 10.000
2ᵉ . . . 8.000	6ᵉ . . . 12.000	10ᵉ . . . 12.000
3ᵉ . . . 8.000	7ᵉ . . . 10.000	11ᵉ . . . 10.000
4ᵉ . . . 8.000	8ᵉ . . . 12.000	12ᵉ . . . 12.000

26 décembre 1854

Règlement

ARTICLE PREMIER. — Le cadre des emplois des secrétariats des douze Bureaux de Bienfaisance de Paris et les traitements qui y sont attachés sont fixés comme suit :

Secrétaires-Trésoriers de 1ʳᵉ classe
Minimum 4.000 maximum 5.000 francs
Secrétaires-Trésoriers de 2ᵉ classe
Minimum 3.500 maximun 4.500 francs
Secrétaires-Trésoriers de 3ᵉ classe
Minimum 3.000 maximum 4.000 francs

A l'avenir la classe qui était attachée de plein droit à chaque arrondissement sera déterminée dans la limite des vacances, et lors de chaque nomination par le préfet de la

Seine, eu égard à l'ancienneté de services des titulaires, à leur aptitude, au chiffre de la population indigente de l'arrondissement, à l'importance financière des bureaux et à l'étendue de leurs travaux, sur l'avis du Directeur de l'Administration de l'Assistance Publique.

3 juillet 1857

Le maximum des traitements des Secrétaires-Trésoriers de toute classe est augmenté de 500 francs et est par suite porté pour les Secrétaires-Trésoriers des bureaux de bienfaisance de Paris, savoir :

Pour ceux de la 1re classe à........ 5.500 fr.
—   2e —   à........ 5.000 fr.
—   3e —   à........ 4.500 fr.

8 janvier 1864

ARTICLE PREMIER. — A partir au 1er janvier 1864, les emplois de Secrétaires-Trésoriers du Bureau de Bienfaisance de la Ville de Paris seront divisés en deux classes ;

Sept de ces emplois appartiendront à la 1re classe.

La 2e classe comprendra les treize autres emplois.

ART. 2. — Le traitement affecté aux emplois compris dans chacune des deux classes est fixé ainsi qu'il suit :

Secrétaire Trésorier de 1re classe
Traitement minimum 4.000, maximum 6.000 francs
Secrétaire-Trésorier de 2e classe
Traitement minimum 3.000, maximum 5.000 francs

27 décembre 1878

(Répartition sans égard à l'importance
des arrondissements)

ART. 5. — Les secrétaires-trésoriers des bureaux de bienfaisance sont répartis en quatre classes dont les traitements
sont ainsi fixés :

1re classe..... 6.000		3e classe..... 5.000	
2e — 5.500		4e classe..... 4.500	

28 mars 1890

ARTICLE PREMIER. — A partir du 1er janvier 1890, les traitements des employés... des bureaux de bienfaisance sont
fixés ainsi qu'il suit : Secrétaires-trésoriers : 1re classe 7.000,
2 classe 6.000, 3 classe 5.500, 4e classe 5.000.

RENSEIGNEMENTS DIVERS

A L'USAGE DE MM. LES ADMINISTRATEURS DES BUREAUX

DE CHARITÉ

Note préliminaire

Le but que le Conseil général s'est proposé en faisant
rédiger le présent *Recueil* a été de faciliter, autant qu'il
était en lui, l'administration des secours à domicile. Or,
ce résultat ne serait qu'incomplètement obtenu si l'on se
bornait à donner ici la collection des règlements relatifs au

service direct des Bureaux de Charité. Les secours à domicile se rattachent en effet par une infinité de points, soit aux hôpitaux et hospices, soit à toutes les institutions analogues qui ont pour objet le soulagement de l'indigence : ils ont une liaison intime avec les établissements où les malades sont soignés, où l'enfance abandonnée est recueillie, où la vieillesse et les infirmités trouvent asile, et avec tous ceux enfin qui accordent des secours qu'il n'est ni au pouvoir ni dans l'institution des bureaux de charité de distribuer. Aussi l'Administrateur des Pauvres n'est-il pas seulement chargé de leur faire parvenir les secours dont l'emploi lui est confié, secours qui ne correspondent souvent qu'à une faible partie de leurs besoins de toute nature ; il exerce encore à leur égard un véritable patronage ; il leur doit ses conseils et son appui. C'est à lui qu'il appartient de les diriger dans les démarches à faire pour obtenir des soulagemens de tout genre que la bienfaisance publique ou particulière leur destine ; mais pour remplir cette mission dans toute son étendue, il est indispensable que lui-même connaisse toutes les Institutions ou Associations charitables et les divergences d'assistance qu'elles embrassent. Il faut qu'il puisse dire à l'indigent que sa maladie sera traitée dans tel hôpital ; à l'infirme ou au vieillard dénué de toute ressource qu'il sera reçu dans tel hospice ; à cet autre vieillard qui, dans une sage prévoyance de l'avenir, a conservé quelques épargnes pour adoucir ses derniers jours, que tel asile lui est ouvert, moyennant tel sacrifice sur son avoir ; à la mère de famille, que, dans telles circonstances, elle aura part aux bienfaits de la Société maternelle ; à cet ouvrier malade, qu'il sera traité chez lui et n'aura pas à se séparer de sa famille s'il

peut obtenir les soins du Dispensaire de la Société philan-
thropique, etc., etc.

Ces renseignements qui vont suivre mettront MM. les
Administrateurs à portée de fournir aux pauvres ces diverses
indications.

Ils seront divisés en trois chapitres : le premier comprendra les Établissements dépendant de l'Administration des
Hospices ; le deuxième, les Établissements, Institutions et
Sociétés de bienfaisance en dehors de cette Administration ;
les renseignements présentés par le troisième seront relatifs à la population indigente. On s'est efforcé de réunir
dans ce cadre tous les détails dont la connaissance a été
jugée pouvoir être de quelque utilité. (Extrait de Recueil
de 1829.)

LES BUREAUX DE BIENFAISANCE DE LA VILLE DE PARIS

Depuis que nous avons publié notre second article sur les
secours à domicile de Paris, il est intervenu une ordonnance royale, sous la date du 29 avril 1831, qui a réorga-
nisé les Bureaux de charité de cette ville. Nous en avons
donné le texte dans le troisième numéro du *Bulletin*, pages
397 et suivantes, et nous l'avons fait suivre de quelques
réflexions dans lesquelles nous avons signalé les principaux
changements qu'elle apporte dans le service des secours à
domicile. Nous ne nous occuperons pas davantage de cette
ordonnance, qui a consacré, du reste, tous les principes de
l'organisation précédente, et qui n'a pu mieux faire que de
la conserver, parce que cette organisation, la plus parfaite
qui existe en Europe, et qui fait chaque jour l'objet de l'ad-

miration et de l'étude des étrangers, était l'ouvrage du temps, le fruit de l'expérience, le résultat des méditations de personnes les plus éclairées en matière de secours publics (1). L'autorité a donc agi avec une grande sagesse, en respectant ce précieux monument élevé à l'indigence par la philanthrophie et la véritable charité. On lui doit des éloges et de la reconnaissance pour avoir su se mettre à l'abri des influences, souvent si fâcheuses, de l'esprit de parti, et de celles non moins dangereuses, de l'esprit d'innovation.

C'est ainsi que, malgré les sollicitations un peu légères de personnes qui ne connaissent qu'imparfaitement le système des secours publics de la Ville de Paris, et qui, dans leur préoccupation d'une plus grande importance personnelle, demandaient la séparation de deux branches de service étroitement liées, l'ordonnance a conservé au préfet de la Seine la direction, et à l'Administration des Hospices la surveillance des Bureaux de Bienfaisance. C'est en effet à ces deux autorités que l'on est redevable de toutes les améliorations introduites dans le service des secours à domicile. Sage fixation des conditions d'admission, recensemens fréquents de la population indigente, réduction notable dans le nombre des pauvres, répartition équitable des fonds entre les divers arrondissemens, ordre parfait établi dans la comptabilité des Bureaux, formation de maisons de secours et d'écoles nombreuses, augmentation du revenu des pauvres, telle est la part que le Conseil a prise dans l'administration des secours à domicile de la Ville de Paris.

Entièrement dégagé de l'esprit de localité, et animé d'un intérêt égal pour les pauvres ; le Conseil général mérite ce

---

1. MM. les barons La Bonnardière, Delessert et de Gérando.

témoignage, qu'il n'a cessé de faire de son autorité l'usage le plus éclairé et le plus paternel. Sous sa direction, les Bureaux de bienfaisance ont joui de la plus complète indépendance. Ils ont fait constamment des fonds mis à leur disposition l'usage qui leur a paru le plus utile, agissant dans leur sphère avec une entière liberté. Aussi ont-ils également mérité, par leur bonne administration, la reconnaissance des pauvres et l'approbation du gouvernement, presque, comme nous l'avons dit, rien n'a été changé par la nouvelle ordonnance au système précédemment établi.

(Extrait du *Bulletin de la Société des Etablissemens Charitables*, t. 1, p. 409. Paris, 1891.)

TABLE ANALYTIQUE DES MATIÈRES

PREMIÈRE PARTIE

Le Lieu ou la Carte des Pauvres

DEUXIÈME PARTIE

Les Personnes
ou les Agents de l'Assistance à Domicile

Imprimerie de la Librairie V. GIARD et E. BRIÈRE, Paris.